AF342999

# PETIT GUIDE

## DES

# P.T.T.

PUBLICATIONS

de

l'INDICATEUR UNIVERSEL DES P.T.T.

3, Rue de Champagny, PARIS, VIIe

TÉLÉPHONE : FLEURUS 28-22          COMPTE POSTAL 91-17 PARIS

1924

# TABLE ALPHABÉTIQUE DES MATIÈRES



Voir la suite page 3 de la couverture.

# PETIT GUIDE DES P. T. T.

## SOMMAIRE



Pour se servir utilement du **PETIT GUIDE DES P. T. T.**, prière de consulter la Table alphabétique des matières, pages 2 et 3 de la couverture.

# ETIT GUIDE DES P.T.T.

## Chapitre Ier. - Tarifs Postaux

**Distinction essentielle entre les régimes de la correspondance postale.**

**Régime intérieur.** — France, Algérie; Tunisie, Monaco, Andorre, zone française du Maroc.

**Régime franco-colonial.** — Relations entre les pays du régime intérieur et les colonies et protectorats français. — Relations intercoloniales.

**Régime international.** — Pays faisant partie de l'*Union postale* universelle. Pays *hors l'Union postale* universelle.

**Bureaux français à l'étranger.** — *Tanger* (Maroc). Régime intérieur pour toutes les correspondances. — *Alexandrie, Port-Saïd* (Egypte) et *Rhodes* (Syrie). Régime international pour toutes les correspondances.

### 1° TARIF DES LETTRES ET PAQUETS CLOS

**Définition.** — *Ce sont les papiers manuscrits ou même imprimés ayant le caractère d'une correspondance actuelle ou personnelle, où pouvant en tenir lieu ou, en principe, tous objets dont on ne peut vérifier le contenu sans briser ou détériorer l'enveloppe.*

#### A. — Régime intérieur et franco-colonial.

| | Fr. c. | | Fr. c. |
|---|---|---|---|
| Jusqu'à 20 gr. inclusivement. | 0.25 | de 700 à 800. | 1.55 |
| de 20 à 50. | 0.40 | de 800 à 900. | 1.70 |
| de 50 à 100 | 0.50 | de 900 à 1.000. | 1.85 |
| de 100 à 200. | 0.65 | de 1.000 à 1.100. | 2 » |
| de 200 à 300. | 0.80 | de 1.100 à 1.200. | 2.15 |
| de 300 à 400. | 0.95 | de 1.200 à 1.300. | 2.30 |
| de 400 à 500. | 1.10 | de 1.300 à 1.400. | 2.45 |
| de 500 à 600. | 1.25 | de 1.400 à 1.500. | 2.60 |
| de 600 à 700. | 1.40 | *Poids maximum : 1.500 gr.* | |

*Dimensions maximum :* 45 $\frac{c}{m}$ sur chaque côté, ou en rouleau : 75 $\frac{c}{m}$ × 10 $\frac{c}{m}$.

#### B. — Régime international.

| | Fr. c. | | Fr. c. |
|---|---|---|---|
| Jusqu'à 20 gr. inclusivement. | 0.50 | de 100 à 120. | 1.75 |
| de 20 à 40. | 0.75 | de 120 à 140. | 2 » |
| de 40 à 60. | 1 » | de 140 à 160. | 2.25 |
| de 60 à 80. | 1.25 | de 160 à 180. | 2.50 |
| de 80 à 100. | 1.50 | de 180 à 200. | 2.75 |

et, ainsi de suite, en ajoutant **0.25** par 20 gr. ou fraction de 20 gr.

*Poids maximum :* 2 kilos.

*Dimensions maximum :* 45 $\frac{c}{m}$ sur chaque côté, ou en rouleau : 75 $\frac{c}{m}$ × 10 $\frac{c}{m}$.

#### C. — Tarifs spéciaux.

*a*) Grand-Duché de Luxembourg et Territoire de la Sarre : *Tarif, poids et dimensions du service intérieur.*

*b*) Lettres échangées entre certains bureaux français voisins de la frontière et les bureaux belges, espagnols ou suisses situés dans un rayon de 30 km. par rapport auxdits bureaux français. (*Rayon limitrophe*) : **0.25** par 20 gr. ou fraction de 20 gr.

*c*) **Lettres à l'adresse ou en provenance des militaires et marins chargés hors de France, d'opérations se rattachant à la conclusion ou à l'exécution des traités de paix** (à l'exclusion des troupes détachées au Cameroun) **ou en traitement dans les hôpitaux et ambulances ainsi que du personnel de la Régie des chemins de fer et des agents des P. T. T. rattachés à l'armée du Rhin** : en franchise jusqu'à 20 gr. inclus. Au-dessus de 20 gr., tarif et conditions du régime intérieur d'après le poids total.

*d*) **Levées exceptionnelles.** — Surtaxe de **0.15.** Cette surtaxe permet de faire profiter des expéditions du soir les correspondances déposées dans les bureaux de **Paris,** après les heures fixées pour les dernières levées réglementaires.

## 2º CARTES POSTALES ORDINAIRES

*Dimensions* : 10 à 14 ⅞ de longueur, 7 à 9 ⅞ de largeur.

<table>
<tr><td rowspan="4">Tarif</td><td>a) Cartes postales</td><td>Régime Intérieur :</td><td>Régime International :</td></tr>
<tr><td>simples</td><td>0.20</td><td>0.30</td></tr>
<tr><td>b) Cartes postales</td><td></td><td></td></tr>
<tr><td>avec réponse payée.</td><td>0.40</td><td>0.60</td></tr>
</table>

Les cartes postales avec réponse payée permettent à l'expéditeur de solliciter une réponse sans imposer de frais au destinataire.

## 3º CARTES ILLUSTRÉES

Dans le *régime intérieur et franco-colonial,* les cartes postales illustrées, dont la moitié au moins du recto est réservée à l'adresse, l'autre moitié à la correspondance à volonté et dont le verso est occupé par une illustration ou gravure avec ou sans *texte imprimé,* tel qu'une annonce, une réclame, etc... à l'exclusion de toute inscription *manuscrite,* doivent être affranchies **10 centimes.** La carte illustrée ne portant aucun titre, ainsi que celle portant le titre « imprimé », « imprimé illustré » ou toute autre mention analogue, est passible du tarif des cartes postales illustrées (**0.10**) alors même qu'elle ne porterait aucun mot de correspondance.

*Tarif des cartes illustrées pour l'étranger* : avec correspondance : **30 centimes** ; à découvert sans correspondance : **10 centimes.**

## 4º PAPIERS DE COMMERCE ET D'AFFAIRES, FACTURES

**A. — Régime intérieur et franco-colonial** : Mêmes tarif et conditions d'admission que les lettres.

Mais les *factures,* les *relevés de comptes ou de factures,* les *bordereaux et avis d'expédition et les notes d'honoraires* sont admis au tarif de **0.15 centimes** jusqu'au poids de 20 grammes, à la condition d'être expédiés sous bande, sous enveloppe ouverte ou sur carte à découvert.

*Mentions autorisées sur les factures,* etc: Celles afférentes à la date, au nom et à l'adresse du débiteur et du créancier, à la nature des marchandises, à leur quantité, à leur prix, au mode d'envoi, à la nature et au montant des honoraires, à la date, au lieu et au mode de paiement. (Pour le détail des mentions admises, consulter l'*Indicateur Universel des P. T. T.*)

**B. — Régime international** : Jusqu'à 250 gr., **50 centimes.** Au-dessus de 250 grammes, la taxe s'accroît de 10 centimes par 50 grammes ou fraction de 50 grammes excédant. *Poids maximum* : 2 kilos.

## 5º IMPRIMÉS

**A. — Régime intérieur et franco-colonial.**

*a*) *Imprimés non périodiques ou ordinaires* (circulaires, livres, catalogues, etc.) :

Jusqu'à 50 grammes inclusivement . . . . . . . . . . . **0.05**
De 50 à 100 grammes. . . . . . . . . . . . . . . **0.15**

Au-dessus de 100 grammes, 0.15 par 100 grammes ou fraction de 100 grammes jusqu'à 3 *kilos, poids maximum.*

*Dimensions* : 45 ⅞ de chaque côté. Rouleaux : 75 ⅞ de long, 10 ⅞ de diamètre.

Toutefois, les imprimés non périodiques *affranchis en numéraire,* c'est-à-dire non revêtus de timbres-poste, mais dont la taxe globale doit être préalablement à l'expédition acquittée à la poste et ceux *affranchis au moyen de timbres-poste oblitérés à l'avance* sur autorisation de l'Administration (consulter à ce sujet l'*Indi-*

*cateur Universel des P. T. T.*) bénéficient du tarif réduit de **0.03 jusqu'au poids de 20 grammes**, à la condition d'être déposés en nombre au moins égal à 1000, triés et enliassés par département et par bureau de distribution.

b) · *Imprimés périodiques* (journaux). Tarif général :

| | | | |
|---|---|---|---|
| Jusqu'à 60 grammes . . . . | **0.02** | De 100 à 125 grammes . . . | **0.05** |
| De 60 à 75 grammes . . . . | **0.03** | De 125 à 150 grammes . . . | **0.06** |
| De.75 à 100 grammes. . . . | **0.04** | | |

Ensuite, 1 cent. par 25 grammes ou fraction de 25 grammes excédant jusqu'à 3 *kilos maximum.*

Ce tarif est réduit de *moitié* pour les périodiques circulant dans le département où ils s'impriment et les départements limitrophes.

Les *journaux triés et routés* et *expédiés hors sac* bénéficient d'une réduction de tarif de 50 % par rapport aux tarifs ci-dessus.

*Dimensions des périodiques* : les mêmes que les imprimés non périodiques.

c) *Imprimés électoraux* (sous bande, sous enveloppe ouverte ou sur carte à découvert) : 1 cent. par 25 grammes.

d) *Imprimés en relief à l'usage des aveugles.*

| | |
|---|---|
| Jusqu'à 20 gr . . . . . . . . . . . . . . . . . . | **0.02** |
| De 20 à 100 gr.. . . . . . . . . . . . . . . . . . | **0.03** |
| De 100 à 500 gr. . . . . . . . . . . . . . . . . . | **0.05** |
| De 500 à 1.000 gr. . . . . . . . . . . . . . . . : | **0.10** |

et ainsi de suite en ajoutant **0.05** par 500 gr. ou fraction de 500 gr. excédant.

*Poids maximum* : 3 kilos.

B. — **Régime international** : Tous imprimés : 10 centimes par 50 grammes ou fraction de 50 grammes.

*Poids maximum* : 2 kilos. *Dimensions* : les mêmes que dans le service intérieur.

*Imprimés en relief à l'usage des aveugles*, **0.05** par 500 gr. *Poids maximum* : 3· kilos.

## 6º CARTES DE VISITE

Dans le **régime intérieur et franco-colonial**, tarif des imprimés ordinaires. Toutefois les cartes de visite imprimées ou manuscrites expédiées sous bande mobile ou sous enveloppe ouverte portant une mention *manuscrite* composée de un à cinq mots quelconques sont affranchies **0.15** (avec plus de cinq mots : **0.25**).

**Pour l'étranger** : cartes de visite *imprimées* et comportant au plus cinq mots manuscrits de félicitations, remerciements, souhaits, etc. : **0.10**.

## 7º ÉCHANTILLONS

### A. — Régime intérieur et franco-colonial.

| | | | |
|---|---|---|---|
| Jusqu'à 100 gr. . . . . . . | **0.20** | de 300 à 400. . . . . . . . | **0.65** |
| de 100 à 200.. . . . . . . . | **0.35** | de 400 à 500. . . . . . . . | **0.80** |
| de 200 à 300.. . . . . . . . | **0.50** | | |

*Poids maximum* : 500 gr., *sauf les clichés d'imprimerie adressés « poste restante » qui peuvent atteindre le poids de 3 kilos.*

*Dimensions* : 30 ⅗ sur tous les côtés ou 45 ⅗ en long, à la condition que les deux autres dimensions ne dépassent pas 15 ⅗. Echantillons d'étoffes collés sur carton mince : 45 ⅗ × 45 ⅗.

B. — **Régime international.** — (Les échantillons ne doivent pas avoir de valeur marchande) :

| | |
|---|---|
| Jusqu'à 100 gr.. . . . . . . . . . . . . . . . . . | **0.20** |
| — 150 gr.. . . . . . . . . . . . . . . . . . | **0.30** |
| — 200 gr.. . . . . . . . . . . . . . . . . . | **0.40** |
| Par 100 gr. en sus (Poids maximum : 500 gr.) . . . . . . | **0.10** |

*Dimensions* : 30 ⅗ × 20 ⅗ × 10 ⅗. — En rouleau : 30 ⅗ de long sur 15 ⅗ de diamètre.

*Conditionnement des envois d'échantillons par la poste.*

Les échantillons de marchandises doivent être placés dans des sacs, des boîtes ou des enveloppes mobiles de manière à permettre une facile et prompte vérification. Il n'est pas exigé d'emballage pour les objets d'une seule pièce, qu'il n'est pas dans les usages du commerce d'emballer à condition que l'adresse et les timbres-poste figurent sur une étiquette. L'emploi des attaches métalliques à pointes aiguës est interdit pour la fermeture des échantillons.

L'emballage des échantillons doit les garantir suffisamment en cours de transport ; les étiquettes doivent être solidement fixées ; enfin les sacs ou enveloppes surtout quand ils renferment des graines, doivent être suffisamment solides pour ne pas se crever et laisser échapper le contenu.

Les films cinématographiques non impressionnés, les objets en verre, les liquides, les huiles et les corps gras, les poudres sèches sont soumis à des conditions spéciales d'emballage (*Voir Indicateur Universel des P. T. T.*).

## 8º TAXES DE RECOMMANDATION

(en plus de la taxe ordinaire suivant la catégorie d'objets).

**A. — Régime intérieur et franco-colonial.**

**0.25** pour les échantillons, les imprimés, les journaux, les factures, les cartes illustrées et les cartes de visite.

**0.35** pour les autres objets.

**B. — Régime international : 0.50** pour tous objets.

## 9º CHARGEMENTS

(lettres et boîtes de valeur déclarée).

**A. — Régime intérieur et certaines colonies françaises** (*Voir Indicateur Universel des P. T. T.*). *Maximum de la déclaration :* 20.000 francs. *Tarif des lettres et boîtes :*

1º Taxe d'une lettre ordinaire de même poids pour la même destination ;

2º Droit fixe de recommandation de **0.50** ;

3º Droit d'assurance de **0.20** jusqu'à 1.000 francs de valeur déclarée, avec augmentation de **0.10** par 1.000 francs ou fraction de 1.000 francs excédant.

Les *poids* et *dimensions* maxima des *lettres* de valeur déclarée sont les mêmes que pour les lettres ordinaires. Les *boîtes* de valeur déclarée peuvent être acceptées sans limite de poids. Dimensions maximum des boîtes : 30 ⁰⁄ₘ × 10 ⁰⁄ₘ × 10 ⁰⁄ₘ.

**B. — Régime international** (*Voir Indicateur Universel des P. T. T.*).

*Maximum de la déclaration :* variable suivant les pays.

*Lettres :* Taxe, poids et dimensions applicables aux lettres à destination de l'étranger, plus un droit fixe de **0.50** et un droit proportionnel d'assurance par 300 francs de valeur déclarée, variable pour chaque pays destinataire.

*Boîtes :* Poids maximum : 1 kilo.

*Dimensions maxima :* 30 ⁰⁄ₘ × 10 ⁰⁄ₘ × 10 ⁰⁄ₘ.

*Taxes :* 1º **0.20** par 50 grammes avec minimum de **1 franc**

2º Droit fixe de recommandation : **0.50**

3º Droit d'assurance comme pour les valeurs déclarées (lettres). Déclaration en douane obligatoire (nombre d'exemplaires variable avec chaque pays de destination).

**Remarque importante. — Demander le barême des objets recommandés et chargés,** *édité par l'Indicateur Universel des P. T. T.* Prix : **0.40.**

### Taxation des valeurs déclarées pour les colonies françaises et pour les pays étrangers.

**A. —** Toutes les **colonies françaises** (y compris la Nouvelle Calédonie), à l'exception des établissements français de l'Océanie et de Saint-Pierre et Miquelon participent au service des valeurs déclarées (lettres et boîtes). Maximum de déclaration : 20.000 francs. Les boîtes de valeur déclarée doivent être accompagnées d'*une* déclaration en douane (à l'exception des boîtes à destination de la Mauritanie, du Soudan Français, de la Haute Volta, du Dahomey et du Niger : 2 déclarations).

*Exception :* Chandernagor, Karikal, Mahé, Yanaon, : Maximum de déclaration. 6.000 francs ; droit d'assurance par 300 francs. **0.45** ; boîtes non admises.

**B. — Principaux pays étrangers participant au service des valeurs déclarées.**

*Les nombres entre parenthèses indiquent le maximum de déclaration. Les pays pour lesquels il n'est pas indiqué de déclaration en douane ne participent pas au service des boîtes. Pour les pays non mentionnés et les particularités diverses* (notamment les bureaux ouverts au service), *consulter l'Indicateur Universel des P. T. T.*

| PAYS | Assurance par 300 Fr. | Déclarations en Douane | PAYS | Assurance par 300 fr. | Déclarations en Douane |
|---|---|---|---|---|---|
| Albanie (6.000) . . . . | 0.25 | » | Italie (6.000) . . . . . . | 0.10 | 1 » |
| Argentine (10.000) . . . | 0.20 | 2 » | Japon (10.000) . . . . | 0.20 | 1 » |
| Autriche (10.000) . . . . | 0.15 | 1 » | Lettonie (10.000) . . . | 0.20 | » |
| Belgique (10.000) . . . . | 0.10 | 1 » | Lithuanie (10.000) . . . | 0.15 | » |
| Brésil (10.000) . . . . . | 0.20 | 1 » | Luxembourg (10.000) . . | 0.10 | 1 » |
| Chine (6.000) . . . . . | 0.20 | » | Norvège (10.000) . . . . | 0.25 | » |
| Congo belge (3.000) . . . | 0.20 | 1 » | Pays-Bas (10.000) . . . | 0.15 | 3 » |
| Danemark (10.000) . . . | 0.15 | 1 » | Perse (6.000) . . . . . . | 0.50 | » |
| Egypte (10.000) . . . . | 0.20 | 1 » | Pologne (2.000) . . . . . | 0.15 | » |
| Espagne (10.000) . . . . | 0.10 | » | Portugal (10.000) . . . . | 0.20 | 1 » |
| Ethiopie (10.000) . . . . | 0.25 | 1 » | Roumanie (10.000) . . . | 0.25 | » |
| Finlande (10.000) . . . . | 0.30 | » | Suède (10.000) . . . . . | 0.20 | » |
| Grande-Bretagne (10.000) | 0.20 | 1 » | Suisse (10.000) . . . . | 0.10 | 1 » |
| Hongrie (10.000) . . . . | 0.20 | 1 » | Syrie-Liban (10.000) . | Tarif intér | 1 » |
| Inde britannique (3.000) | 0.20 | | Tchéco-Slovaquie(10.000) | 0.15 | » |
| Indes néerland. (10.000) (voie de Marseille) . . . | 0.20 | » | Turquie (10.000) . . . . | 0.20 | » |

## Remarque très importante.

Sur les envois avec valeur déclarée à destination de l'étranger, convertir en francs-or le montant de la déclaration en francs français sur la base de 1 franc-or pour 2 francs français, sauf pour les valeurs déclarées à destination de la Tunisie, du Maroc (zone française), des colonies françaises, des bureaux français à l'étranger, de la Belgique, du Luxembourg et de la Sarre.

## Comment confectionner réglementairement les envois postaux de valeur déclarée.

*Lettres chargées.*

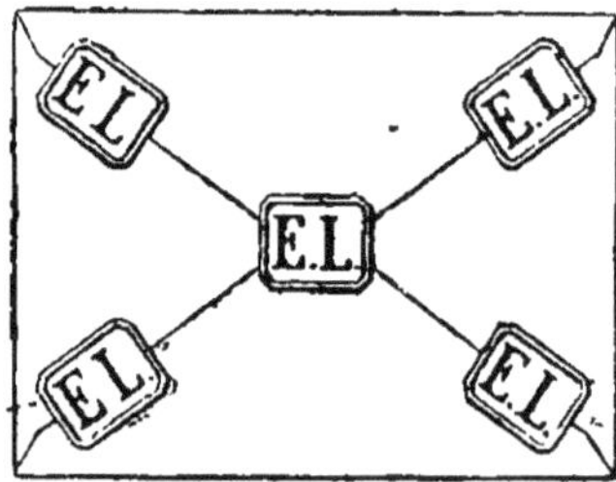


## RÈGLES A OBSERVER

Montant de la déclaration indiqué en toutes lettres sans rature ni surcharge. Enveloppe scellée de cachets en cire fine de même couleur avec empreintes, espacés, en nombre suffisant (2 au moins pour retenir les plis de l'enveloppe). Empreinte en relief ou en creux, uniforme, reproduisant un signe particulier à l'expéditeur (initiales, armes, etc.). La partie du cachet frappée de l'empreinte doit porter sur les plis. Espacer les timbres-poste, ne pas les replier sur les 2 faces de l'enveloppe. Enveloppe à bords coloriés ou à panneau transparent interdites.

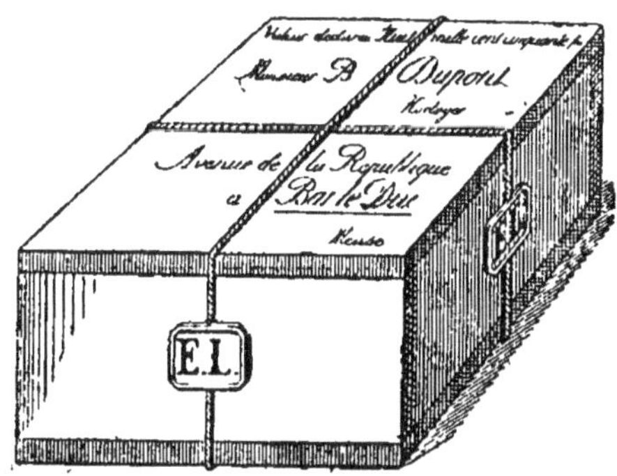

*Boîtes chargées :*

**Règles à observer.** — Dimensions : 30 $\frac{c}{m}$ × 10 $\frac{c}{m}$ × 10 $\frac{c}{m}$. Epaisseur des parois de boîtes en bois : 8 $\frac{c}{m}$ minimum. Feuille de papier blanc sur les faces supérieure et inférieure de la boîte et y adhérant fortement. Croisé de ficelle solide et sans nœud, scellé, sur les 4 faces latérales, de cachets en cire comme pour les lettres, les deux bouts de la ficelle pris sous un ou deux cachets. Déclaration de valeur en toutes lettres, sans rature, ni surcharge.

## 10° ACCUSÉ DE RÉCEPTION DES OBJETS CHARGÉS OU RECOMMANDÉS

Un accusé de réception des envois chargés ou recommandés peut être demandé même postérieurement au dépôt de l'objet moyennant une taxe supplémentaire de **25 centimes**.

Dans le régime international la taxe est de **50 centimes** et, si l'accusé de réception est demandé postérieurement au dépôt de l'objet, de **un franc**.

Pour la France, l'Algérie, la Tunisie, l'accusé de réception peut être demandé télégraphiquement (taxe : **1.50**).

## 11° ENVOIS CONTRE-REMBOURSEMENT

**Maximum de remboursement : 5.000** francs pour la France et l'Algérie ; **500** francs, pour les colonies. (Toutes les colonies françaises participent actuellement à ce service).

**Tarif.** — 1° Ceux qui s'appliquent au port de l'objet, qu'il s'agisse de lettres, cartes postales, ou échantillons recommandés.

2° Un droit fixe de recommandation de **0.25** comme échantillon, de **0.35** comme lettre et de **0.50** comme valeur déclarée.

3° Si la valeur est déclarée : **0.20** jusqu'à 1.000 francs et **0.10** par 1.000 fr. et par fraction. Seul le montant du remboursement est perçu chez le destinataire. C'est le bénéficiaire qui supporte tous les frais de recouvrement et de transmission. Ces frais sont les mêmes que ceux des valeurs à recouvrer. Les remboursements refusés supportent une taxe de **0.30**.

Le service des envois contre remboursement est admis dans les relations avec *certains* pays étrangers. (Consulter *l'Indicateur Universel des P. T. T.*). Les envois sont assujettis aux tarifs et conditions applicables à la catégorie d'objets recommandés ou de valeur déclarée à laquelle ils appartiennent. En outre, ils acquittent un droit fixe de **0.10**. Un droit d'encaissement de **0.15** ou l'équivalent en monnaie du pays de destination est retenu au moment du règlement de compte.

## 12° RESPONSABILITÉ DE L'ADMINISTRATION
(sauf le cas de force majeure).

## EN CAS DE PERTE, SPOLIATION, DÉTÉRIORATION DES OBJETS RECOMMANDÉS OU CHARGÉS

*Objets recommandés (en cas de perte seulement)* : Indemnité de 25 francs pour les lettres, les cartes postales à 20 centimes et les valeurs à recouvrer, et de 10 francs pour les autres objets, dans le service intérieur ; de 50 francs pour tous objets, dans le service international.

*Lettres et boîtes de valeur déclarée (perte, spoliation, détérioration)* : indemnité égale au montant de la déclaration.

### 13° **TIMBRES. — CARNETS. — COUPONS-RÉPONSE.**

Indépendamment des timbres-poste de toutes catégories et des cartes postales, le public trouve aux guichets des bureaux de poste :

Des *cartes-lettres* de **0.25** *vendues* **0.275** l'une et *par 2 ou multiples de 2* ;

Des *enveloppes timbrées* à **0.25** ou à **0.05**, *vendues respectivement* **0.28** ou **0.07** (*suivant le format*) *et par paquets de 5* ;

Des *bandes timbrées* à **0.01**, **0.02** et **0.05**, *vendues respectivement* **0.015**, **0.025** ou **0.055** *et par paquets de 10* ;

Des *timbres-quittance* de l'enregistrement ;

Des *timbres-retraite* ;

Des *carnets de timbres-poste* { 40 timbres à **0.05** ou 20 timbres à **0.10** pour le prix de **2 francs** ; 20 timbres à **0.25** pour le prix de **5 francs**;

Des *coupons-réponse*, qui servent à envoyer aux personnes résidant dans certains pays étrangers l'affranchissement de leur réponse. Prix **1.30**. Les coupons-réponse reçus de l'étranger sont échangés en France contre **50 centimes** et timbres-poste.

Validité, non compris le mois d'émission : 2 mois. Pays d'outre-mer : 6 mois.

*Demander* à l'**Indicateur Universel des P. T. T.** : 1° *le barême des timbres-poste* : Prix **0.40** ; 2° *le barême des timbres-retraite* : Prix **0.30** ; 3° *le barême des cartes-lettres, des enveloppes et des bandes timbrées* : Prix **0.30**.

### ÉCHANGE DE FIGURINES MISES HORS D'USAGE

Les cartes, postales, cartes-lettres, bandes et enveloppes timbrées mises *accidentellement* hors d'usage ou contenant un texte manuscrit devenu sans objet sont échangées exclusivement contre des timbres-poste ayant même valeur d'affranchissement.

Les mêmes formules détournées de leur objet spécial ou revêtues d'un texte imprimé devenu inutile par suite d'un excès d'approvisionnement ne sont pas échangées.

### 14° CORRESPONDANCES A DISTRIBUER PAR EXPRÈS

Cette facilité est particulièrement intéressante pour le public. Lorsqu'on veut faire distribuer à domicile un objet de correspondance aussitôt qu'il est parvenu au bureau de poste destinataire, il suffit d'inscrire d'une façon très apparente, sur l'objet ou le pli la mention « Exprès ». Il faut acquitter en même temps, au moyen de timbres-poste apposés sur l'enveloppe, une taxe *supplémentaire* :

De **1** franc par objet distribuable sur le territoire d'une commune pourvue d'un établissement chargé d'un service de distribution ;

Ou de **4** francs par objet distribuable dans toute autre commune.

Pour l'Algérie, l'Indo-Chine, la taxe est uniformément de **1** franc par objet.

Les envois exprès sont également acceptés par certains pays étrangers. (Consulter *l'Indicateur Universel des P. T. T.*).

La taxe à acquitter par l'expéditeur français est de **1** franc, quelle que soit la destination de l'objet.

### 15° CORRESPONDANCES ADRESSÉES POSTE RESTANTE

Les objets de correspondance adressés poste restante sont passibles, en sus de la taxe ordinaire d'affranchissement, d'une surtaxe fixe de **0.20** par objet (**0.05** par envoi pour les *journaux* et *écrits périodiques*). Si cette surtaxe n'a pas été acquittée au départ, elle est perçue sur le destinataire.

Sont exemptes de ladite surtaxe les correspondances adressées poste restante aux personnes désignées ci-après qui auront acquitté un droit spécial d'abonnement :

1° De **10** francs par an, aux voyageurs de commerce titulaires de la carte d'identité prévue par la loi du 8 octobre 1919 ;

2° De **20** francs par an, à toutes les autres personnes.

## 16° **BOITES DE COMMERCE**

Afin de gagner du temps, certaines personnes (particuliers ou commerçants) plutôt que d'attendre le passage à leur domicile du facteur préfèrent se rendre au bureau de poste pour y réclamer leur correspondance aussitôt que le tri est terminé. L'Administration leur accorde cette facilité contre le payement d'une taxe spéciale d'abonnement payable d'avance et par trimestre et fixée comme suit d'après l'importance de la localité et les dimensions de la boîte mise à leur disposition :

| Dimensions maxima | Boite petit modèle | Boite grand modèle | Abonnés dont l'importance du courrier nécessite l'utilisation de sacs |
|---|---|---|---|
| Hauteur. . . . . . . . . | 15 centimètres | 15 centimètres | |
| Profondeur . . . . . . . | 25 — | 25 — | |
| Largeur. . . . . . . . . | 10 — | 20 — | |
| Villes de moins de 50.000 habitants . . . . . . . . | 20 fr. par an | 24 fr. par an | 60 fr. par an |
| De plus de 50.000 habitants . | 30 — — | 36 — — | 80 — — |
| Paris . . . . . . . . . . | 48 — — | 60 — — | 120 — — |

Dans les stations de villégiature, il est accordé des abonnements dits de saison au prix uniforme de **cinq francs** par mois, payables d'avance mensuellement.

## 17° **BOITES AUX LETTRES PARTICULIÈRES**

Ces boîtes sont levées aux mêmes heures qu'une boîte aux lettres publique. Le concessionnaire d'une boîte aux lettres particulière évite ainsi le transport à la poste de son courrier, qui sera relevé par le facteur.

Des boîtes particulières sont concédées au public moyennant le paiement des frais d'achat, de pose et d'entretien des boîtes, ainsi que d'une redevance annuelle pour relevage fixée comme suit et payable d'avance par semestre :

**150** francs par boîte à Paris et dans les villes de plus de 80.000 habitants ;

**115** francs par boîte dans les villes de 20.000 à 80.000 habitants ;

**75** francs par boîte dans les villes sièges d'une recette des postes de 1re, 2e ou 3e classe et comportant moins de 20.000 habitants ;

**40** francs par boîte dans les autres communes.

Cette redevance est majorée de **15** francs si la boîte est située à plus de 20 mètres de l'entrée principale de l'habitation et de **15** francs par étage pour les boîtes placées ailleurs qu'au rez-de-chaussée. Les demandes doivent être adressées au Directeur départemental.

## 18° **FRANCHISES POSTALES**

On peut écrire *sans affranchir* aux dignitaires ou fonctionnaires ci-après :

Président de la République, Président du Sénat, Président de la Chambre des Députés, Ministres, Sous-Secrétaires d'Etat, Grand Chancelier de la Légion-d'honneur, Gouverneur Général de l'Algérie et Résident Général de France à Tunis, Président, Vice-Président et Secrétaire Général du Conseil d'Etat, Président du Contentieux du Conseil d'Etat, Premier Président et Procureur Général à la Cour des Comptes et à la Cour de Cassation, Gouverneur Militaire de Paris, Préfet de police, Commandant de la Place de Paris et du Département de la Seine.

Directeurs Généraux des Administrations ci-après :

Contributions directes, Contributions indirectes, Douanes, Enregistrement, Domaines et Timbre, Manufactures de l'Etat, Monnaies et Médailles, Eaux et Forêts, Caisse d'amortissement et Caisse des Dépôts et Consignations.

Président de la Commission des bureaux de tabac.

*Dans leur ressort :*

Préfet de la Seine, Directeur de l'Assistance publique, Préfet du Rhône (Rhône et départements limitrophes), Commandants des Corps d'Armée, Procureurs Généraux et de la République.

## 19° PRINCIPALES INTERDICTIONS POSTALES

Il est interdit d'insérer dans un envoi confié à la poste :

Des matières ou objets dangereux ou salissants.

Des marchandises soumises à des droits de douane, de régie ou d'octroi ;

Des objets de correspondance contraires aux bonnes mœurs ou revêtus de mentions outrageantes ou injurieuses ou de menaces.

Des pièces de monnaie françaises ou étrangères ;

En outre, on ne peut insérer, *dans les lettres ordinaires* ni dans les *autres objets de correspondance recommandés ou non*, des matières d'or ou d'argent, des bijoux ou autres objets précieux, des billets de Banque ou valeurs au, porteur, ainsi que des bons de poste ne portant pas le nom du bénéficiaire ; dans les *lettres recommandées*, des matières d'or ou d'argent, des bijoux ou autres objets précieux.

Toutefois, dans le *service intérieur*, les objets recommandés peuvent contenir des matières d'or et d'argent, autres que des pièces de monnaie ayant cours pourvu que la valeur de ces matières ne soit pas supérieure au montant de l'indemnité en cas de perte.

## 20° RETRAIT OU RECTIFICATION D'ADRESSE DES CORRESPONDANCES

L'expéditeur peut réclamer le retrait ou la rectification d'adresse de l'objet de correspondance qu'il a envoyé, tant que ce dernier n'a pas été livré au destinataire.

Il doit : 1° justifier de son identité ; 2° déclarer par écrit qu'il est l'auteur ou l'expéditeur de l'objet et qu'il demeure garant et responsable de tous les effets du retrait ou du retard ; 3° présenter un fac-similé de la suscription ; 4° si la demande doit être transmise par la voie postale, fournir deux spécimens de l'enveloppe ; 5° s'il s'agit d'objets recommandés produire le bulletin de dépôt.

*Taxe* : Pour les demandes transmises par poste : taxe d'une lettre recommandée, et pour les demandes transmises par télégraphe, taxe de l'avis de service télégraphique.

## 21° RÉEXPÉDITION DES CORRESPONDANCES

Tout objet qui ne peut être distribué par le bureau d'arrivée par suite du départ ou du changement de résidence du destinataire est, dans le cas où la nouvelle adresse de celui-ci est connue, réexpédié sur le bureau, à l'intérieur ou à l'étranger, susceptible d'en assurer la remise, sous réserve, en ce qui concerne les réexpéditions *hors de France*, que sa nature n'y fasse pas obstacle et que les taxes et droits exigibles aient, le cas échéant, été acquités. *La réexpédition est gratuite dans le service intérieur* (1).

**Enveloppe de réexpédition.** — Le courrier complet d'une personne ayant changé de domicile (à l'exception toutefois des journaux, des objets chargés et recommandés, des plis officiels et des objets taxés) peut être réexpédié *sans taxe* dans une *enveloppe spéciale* sur laquelle il suffit de porter le nom et la nouvelle adresse du destinataire. Ces enveloppes, vendues par l'Administration 1 franc le paquet de 50, doivent être remises, avec leur contenu, soit au facteur, soit au guichet d'un bureau de poste. Elles permettent la réexpédition collective, donc plus sûre et plus régulière du courrier.

## 22° CORRESPONDANCES NON AFFRANCHIES OU INSUFFISAMMENT AFFRANCHIES

Les objets de correspondance non affranchis sont passibles d'une taxe *double*. Ceux insuffisamment affranchis sont frappés d'une surtaxe égale au double de l'insuffisance d'affranchissement. Dans le service international, les objets autres que les lettres ou les cartes postales doivent être au moins partiellement affranchis. En outre, dans ce service, le minimum de la surtaxe est de **30** centimes.

Quand un objet de correspondance a été indûment taxé, ou trop taxé d'après les tarifs en vigueur, on peut obtenir une détaxe ou une réduction de taxe à la condition que la demande en soit faite dans le délai d'un mois au bureau distributeur.

---

(1) Toutefois, les journaux réexpédiés en dehors du rayon limitrophe sont passibles du complément nécessaire pour opérer l'affranchissement d'après le tarif général.

### 23° TIMBRAGE A L'EXTRAORDINAIRE

Il consiste *à faire imprimer d'avance les timbres* par l'Administration sur les enveloppes, cartes postales et bandes De cette manière, on n'oublie pas le timbre ; celui-ci est bien placé et on économise le temps de l'apposer. (Nombre minimum des objets à timbrer : 5.000. Prix variable suivant diemnsions et nombre de figurines.)

### 24° AFFRANCHISSEMENT AU MOYEN DE TIMBRES POSTE OBLITÉRES A L'AVANCE

Si vous faites fréquemment des envois importants de catalogues, de circulaires ou autres *imprimés*, ou d'échantillons, demandez l'autorisation de les affranchir au moyen de timbres-poste à 0.03, 0.05, 0.15, 0.20, 0.30, 0.35 et 0.45 centimes surchargés à l'avance par l'Administration d'une empreinte sans millésime. Ces objets, qui n'auront pas besoin d'être frappés du timbre à date, bénéficieront ainsi d'une *expédition plus rapide*. L'Administration vous concédera en outre une *remise de* 0.75 % sur le montant de ces affranchissements.

### 25° RÉCLAMATIONS POSTALES

**Toutes les réclamations sont reçues verbalement ou par écrit dans les bureaux de poste.**

**Objets de correspondance non parvenus.** — Indiquer la description exacte de l'envoi, le détail du contenu, le bureau, la date et l'heure de dépôt. S'il s'agit d'une *lettre contenant un mandat ou un bon de poste*, présenter le récépissé de versement.

Pour les objets **chargés ou recommandés,** présenter le récépissé de dépôt (taxe à payer 0.25, sauf dans le cas où un accusé de réception a été demandé au moment du dépôt de l'objet); service international : **1 franc.**

**Correspondances retardées.** — Joindre à la réclamation l'enveloppe ou la bande d'envoi.

**Règlement de compte d'une valeur à recouvrer ou d'un envoi contre remboursement non parvenu.** — Présenter le bulletin de dépôt. Si la réclamation concerne une valeur à recouvrer à destination de l'étranger, joinore à la réclamation un duplicata du bordereau de recouvrement relatif à cette valeur.

**Demandes de remplacement des mandats ou des bons de poste perdus, détruits ou détériorés en dehors du service postal.** — Etablir une demande sur papier timbré et la déposer au guichet d'un bureau de poste. S'il s'agit d'un *mandat détérioré* : annexer le titre à la demande ; les demandes de remplacement de *bons perdus ou détruits* doivent obligatoirement être accompagnées de la déclaration de versement et être déposées avant l'expiration du délai de prescription. Les titres perdus, détruits ou détériorés ne peuvent être remplacés qu'après l'expiration des délais de validité et du temps nécessaire à l'Administration pour opérer le contrôle des titres. Ces délais sont *approximativement* les suivants : 4 mois pour les mandats valables pendant 1 mois ; 5 mois, pour les mandats valables pendant 2 mois ; 9 mois pour les mandats valables pendant 4 mois ; 18 mois, pour les mandats originaires ou à destination d'une colonie autre que l'Algérie, la Tunisie ou le Maroc et les bureaux français ou indo-chinois en Chine.

**Demandes de recherches concernant les chargements, mandats-poste et valeur à recouvrer.** — Des relevés de chargements, mandats-poste, envois de valeur à recouvrer, peuvent être demandés par les expéditeurs ou les destinataires. Les demandes doivent être établies sur papier timbré (2 fr.). Les intéressés doivent s'engager à payer les frais de recherches dont le montant est évalué approximativement pas les receveurs. Les recherches ne peuvent être effectuées qu'après autorisation du Directeur. Dans le *service international*, toute *demande de renseignements* sur le sort d'un *mandat* donne lieu à la perception d'une taxe de 1 fr., si l'expéditeur n'a pas déjà acquitté la taxe d'un avis de paiement.

### 26° JUSTIFICATION D'IDENTITÉ

Pour les conditions de justification suivant la nature de l'opération, consulter l'*Indicateur Universel des P. T. T.*

### CARTES D'IDENTITÉ POSTALE

Des cartes d'identité comportant la photographie, la signature, l'adresse et le signalement du titulaire, sont délivrées dans tous les bureaux de poste et sont valables dans le service intérieur et dans le service international, pour une durée de *deux ans.*

La carte d'identité du service postal procure au porteur un réel avantage en lui facilitant les opérations postales et en particulier celles pour lesquelles il est tenu de justifier de son identité.

Pour obtenir une carte, remplir une demande au bureau de poste, justifier de son identité si l'on n'est pas connu notoirement, remettre une photographie récente de 4 $\frac{c}{m}$ × 4 $\frac{c}{m}$ et acquitter une taxe de **1 franc**.

## QUELQUES RECOMMANDATIONS

### Comment libeller correctement l'adresse d'un objet confié à la poste.

*Vos correspondances parviendront plus rapidement et plus sûrement au destinataire, si vous respectez les recommandations essentielles suivantes :*

**Pour Paris, indiquez toujours l'arrondissement.**

**Parisiens, ne donnez jamais votre adresse sans y mentionner le numéro de l'arrondissement.**

**Pour la province, indiquez la localité où est situé le bureau de poste distributeur et le nom du département (en toutes lettres). Quand la localité est importante, mentionnez le numéro de l'immeuble et la rue.**

**Quand vous indiquez votre adresse à vos correspondants, notamment dans les en-têtes de vos enveloppes et papiers commerciaux, donnez-la intégralement.**

**Avant d'expédier votre courrier, relisez les adresses. Plus de 500.000 correspondances tombent annuellement en rebut FAUTE D'ADRESSE.**

### EXEMPLES D'ADRESSES CORRECTES

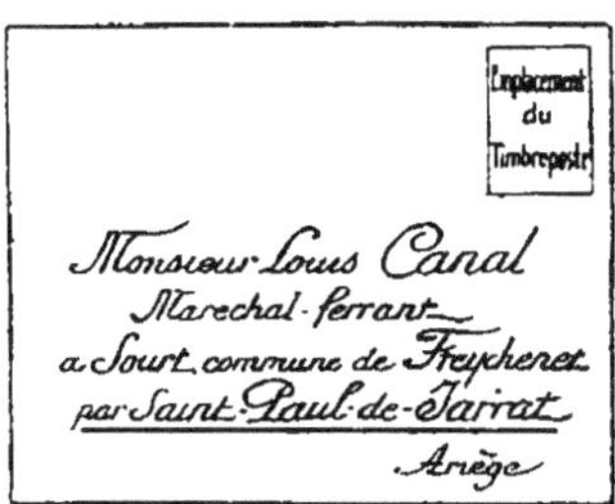


# Chapitre II. – Transports postaux par avion

*Le transport par avion permet de donner aux correspondances, une avance très sensible par rapport à l'acheminement postal ordinaire. Exemple :*

Une lettre de Paris pour Casablanca expédiée le ⟩ par la voie de mer **le 10**
1er parviendra à destination. . . . . . . . .⟩ par avion. . . . **le 3**

Sont admises au transport par avion *toutes les correspondances ordinaires ou recommandées.*

Sur les correspondances à transmettre par la voie aérienne, collez toujours l'étiquette rouge : *Par avion.*

Sont exclus du transport par avion, les lettres et boîtes de valeur déclarée, les envois contre remboursement, les valeurs à recouvrer et les colis postaux.

**Dépôt.** — Les objets de correspondance destinés à être transmis par avion peuvent être déposés, soit dans les boîtes aux lettres, pendant les heures d'ouverture des bureaux, soit dans les boîtes affectées à la correspondance pneumatique là où il en existe, mais de préférence aux guichets des bureaux de poste.

Les correspondances-avion peuvent être adressées à domicile ou poste restante.

**Correspondances non ou insuffisamment affranchies.** — Aucune correspondance-avion ne peut être expédiée grevée d'une taxe à percevoir sur le destinataire : les objets *non ou insuffisamment affranchis* sont exclus du transport par avion. Toutefois, les correspondances insuffisamment affranchies pour la ligne de *Toulouse à Casablanca-Oran* sont transmises par avion si elles comportent un affranchissement au moins égal à la surtaxe exigible.

**Distribution.** — Les correspondances transportées par la voie aérienne sont comprises dans la première distribution qui suit leur arrivée au bureau destinataire, à moins que l'expéditeur ait acquitté les frais d'exprès.

**Responsabilité du service postal.** — L'Administration n'encourt aucune responsabilité en cas de non départ de l'avion ou de retard quelconque de ce dernier par rapport à l'horaire prévu tant au départ qu'à l'arrivée.

L'expéditeur a droit au remboursement de la surtaxe afférente à toute lettre-avion qui, par suite de la suppression du départ de l'avion ou de toute autre circonstance, n'a pas été acheminée par voie aérienne.

En cas de retard important dans l'arrivée des avions, l'Administration se réserve le droit d'autoriser, sur la demande des intéressés, le remboursement des surtaxes aériennes afférentes aux correspondances retardées, si les circonstances justifient la mesure.

L'Administration est responsable des envois recommandés dans les mêmes conditions que s'ils étaient acheminés par les voies ordinaires.

Ajouter à l'affranchissement ordinaire la *surtaxe ci-après* :

| DÉSIGNATION DES SERVICES | MONTANT DES SURTAXES | | |
| --- | --- | --- | --- |
| | Jusqu'à 20 grammes | Au delà de 20 grammes jusqu'à 100 grammes | Au delà de 100 gr. par 100 gr. ou fraction de 100 gr. exced. |
| *Toulouse à Casablanca* par Rabat . . . . . . | 0.50 | 1 » | 0.50 |
| *Casablanca à Oran* par Fez : | | | |
| De Toulouse à Fez . . . . . . . . . . . | 0.50 | 1 » | 0.50 |
| De Toulouse à Oran . . . . . . . . . . | 0.75 | 1.75 | 1 » |
| D'Oran à Fez, Rabat et Casablanca . . . | 0.25 | 0.50 | 0.25 |
| *Paris à Strasbourg, Paris à Prague, Varsovie, Vienne, Budapest, Belgrade, Sofia, Bucarest, Constantinople :* | Le trafic pour ces destinations, interrompu pendant la saison d'hiver, sera repris dès le 15 février 1924.<br>Le montant des surtaxes applicables à ces services figurera dans l'*Indicateur Universel des P. T. T.* du 5 mars. | | |
| *Paris à Londres.* . . . . . . . . . . . . . . | 0.25 par 20 gr. ou fraction de 20 gr. | | |
| *Paris à Bruxelles* . . . . . . . . . . . . . . | 0.30 par 20 gr. ou fraction de 20 gr. | | |
| *Paris à Rotterdam et Amsterdam* . . . . . . | 0.50 par 20 gr. ou fraction de 20 gr. | | |

*Conditions d'admission.* — *Strasbourg* : poids maximum, 200 gr. ; autres conditions : celles du régime intérieur ; *Maroc* : conditions du régime franco-colonial ; *autres destinations* : conditions du régime international.

**Pour les horaires, consulter l'Indicateur Universel des P. T. T.**

# Chapitre III. – Service des Articles d'Argent

Le service des articles d'argent a pour but :

1° La conversion en mandats et en bons de poste des sommes versées, à cet effet, aux Caisses des bureaux de poste et de télégraphe et le paiement de ces titres aux ayants droit.

2° Le recouvrement par la poste de sommes d'argent.

## I. — MANDATS

1° **MANDAT-POSTE ORDINAIRE.** — Ce mandat est transmis par l'expéditeur au destinataire dans les conditions et au moment qu'il juge convenables.

Droit de Commission à verser (1) :

| | | | |
|---|---|---|---|
| 0.01 à 5. . . . . . . . . . | **0.20** | 400.01 à 600. . . . . . . . | **1.60** |
| 5.01 à 10 . . . . . . . . . | **0.30** | 600.01 à 800. . . . . . . . | **1.80** |
| 10.01 à 20 . . . . . . . . | **0.40** | 800.01 à 1.000. . . . . . . | **2 »** |
| 20.01 à 40 . . . . . . . . | **0.60** | 1.000.01 à 5.000. . . . . . . | **2 »** |
| 40.01 à 60 . . . . . . . . | **0.80** | les premiers 1.000 francs, plus | **0.20** |
| 60.01 à 100. . . . . . . . | **1 »** | par 200 francs ou fraction de | |
| 100.01 à 200. . . . . . . . | **1.20** | 200 francs excédant. | |
| 200.01 à 400. . . . . . . . | **1.40** | | |

Au-dessus de 5.000 francs, **6 fr.** pour les premiers 5.000 fr., plus **1 fr.** par 1.000 fr. ou fraction de 1.000 fr. excédant.

Demander le barême des mandats édité par l'*Indicateur Universel des P. T. T. Prix* **0.30.**

*Pour les colonies françaises* : même tarif que dans le service intérieur avec *minimum de perception de* **0.30.**

Les mandats pour les colonies ne peuvent dépasser 500 francs; la même personne ne peut expédier, au même bénéficiaire, plus de 500 francs le même jour.

Pour les bureaux des colonies françaises ouverts au service des mandats-poste, consulter l'*Indicateur Universel des P. T. T.*

2° **BON DE POSTE.** — Le bon de poste est utilisé pour les envois de petites sommes, 1 à 20 francs. Il simplifie les formalités inhérentes aussi bien à l'émission qu'au paiement.

Le bon de poste n'est admis que dans le service intérieur (France et Algérie) ; il ne peut comporter de centimes.

Le droit de commission est fixé ainsi qu'il suit : De 1 à 5 francs, **0.10.** De 6 à 20 francs, **0.20.**

3° **MANDAT PAYABLE A DOMICILE.** — C'est celui qui présente le plus de commodités et de garanties pour le déposant et le bénéficiaire. Il affecte deux formes :

A) *Le mandat-carte* ne sortant pas du service, et dont le montant est payé à domicile jusque dans les hameaux les plus reculés sous réserve que les titres, dont le montant est supérieur à 5.000 francs sont payés exceptionnellement aux guichets des établissements postaux. Ce mandat comporte un coupon que l'expéditeur peut utiliser pour une correspondance sommaire avec le destinataire.

B) *Le mandat-lettre* présente les mêmes avantages que le mandat-carte, mais il s'en différencie en ce qu'il réserve à l'expéditeur une plus grande place pour sa correspondance et que cette correspondance est mise elle-même à l'abri de toute indiscrétion.

---

(1) *Les mandats-poste de* **50** *fr. et au-dessous adressés aux militaires des troupes d'occupation sont exempts de droits.* Les mandats originaires ou à destination des secteurs postaux des armées d'occupation ne peuvent dépasser 1.000 francs.

Il ne peut être délivré gratuitement à la même personne plus de 9 formules de mandat-carte ou de mandat-lettre.

Ces formules sont vendues au public à raison de **0.15** les 10 mandats-cartes et **0.25** les 10 mandats-lettres.

Les titres de l'espèce sont soumis au droit de commission applicable aux mandats ordinaires et, en plus, s'ils ne dépassent pas 5.000 francs, à une surtaxe de factage de **0.25** acquittée par l'expéditeur.

Ils peuvent être adressés poste restante, dans ce cas, ils sont passibles d'une taxe de **0.20**. Ils peuvent être recommandés (**0.35** en plus).

Ils ne sont pas admis dans les relations avec la Tunisie, le Maroc (sauf pour les militaires du corps d'occupation), les colonies et les bureaux français à l'étranger.

Les délais de paiement pour les mandats payables à domicile sont les mêmes que pour les mandats ordinaires.

4° **MANDAT-CONTRIBUTION.** — Ce mandat permet au public d'acquitter, dans tous les établissements postaux, le montant des contributions directes et des taxes assimilées, de l'impôt sur le chiffre d'affaires et de certains impôts indirects (licence, taxe sur les billards, sur les autos et droit fixe sur les voitures en service d'occasion des entrepreneurs de transports), et de recevoir en échange *un reçu qui libère immédiatement l'expéditeur envers le Trésor.* Le droit de commission des mandats-contribution est de **0.25** jusqu'à 100 francs (**0.50** de 100 fr. 01 à 1.000 fr. et de **1** fr. au-dessus de 1.000 francs).

5° **MANDAT D'ABONNEMENT AUX JOURNAUX ET ÉCRITS PÉRIODIQUES.** — L'abonnement est reçu sans frais dans les bureaux de poste. C'est l'éditeur destinataire qui acquitte les droits par prélèvement sur le montant de l'abonnement. Les droits sont les mêmes que pour le mandat-poste ordinaire, plus un droit de **0.20** par abonnement.

6° **MANDAT-RETRAITE.** — Mandat à l'usage exclusif des caisses effectuant le paiement des arrérages des retraites ouvrières et paysannes.
*Maximum :* 300 francs.
*Droit de commission :* **0.15** jusqu'à 100 francs ;
**0.25** de 100 fr. 01 à 300 francs.
Il n'est pas perçu de taxe de factage.

7° **MANDAT TÉLÉGRAPHIQUE.** — L'envoi des fonds est notifié au bureau payeur par la voie électrique.
**Maximum** : a) *France, Algérie, Tunisie :*
5.000 francs : Bureaux de plein exercice et recettes exclusivement postales.
1.000 francs : Etablissements de facteur-receveur. recettes et distributions auxiliaires ayant le service télégraphique et spécialement autorisés.
b) *Maroc et colonies françaises :* Variable suivant les bureaux. Consulter l'*Indicateur Universel des P. T. T.*
*Tarif :*

1° Droit de commission des mandats ordinaires et, s'il y a lieu, droit de change.

2° Taxe télégraphique portant sur le texte du mandat et, le cas échéant, sur la correspondance adressée au bénéficiaire du mandat.

3° Frais accessoires afférents aux indications éventuelles télégraphiques (Réponse payée, etc.), et à la notification télégraphique du payement.

4° Taxe de **0.25** si le mandat est payable à domicile.

5° Taxe de l'avis de paiement.

8° **AVIS DE PAIEMENT.** — L'expéditeur peut demander à être prévenu de la date de paiement d'un mandat ou d'un bon de poste.
*Tarif* **0.25** (non admis pour les mandats-contributions). *Avis télégraphique de paiement d'un mandat télégraphique.* (France, Algérie, Tunisie seulement) : **1.50.**

9° **DÉLAIS DE VALIDITÉ.** — (Péremption) non compris le jour du versement des fonds.

1° *Bons de poste et mandats-retraite :* 1 mois ;

2° *Mandats-contribution :* **2** ans.

| Nature des titres | ORIGINE DES MANDATS | Parti- culiers | Armée de terre | Armée de Mer |
|---|---|---|---|---|
| 3° Mandats ordinaires Mandats- cartes Mandats- lettres Mandats d'abonnements. | France, Algérie, Tunisie, Maroc et bureaux français de Tanger et du Levant. Secteurs postaux 1 à 399 et 500 à 699 . . . . . . . . . . . . | 1 mois | 2 mois | |
| | Contrôleurs des services maritimes postaux (mandats-cartes seulement | 2 mois | 2 mois | |
| | Bureaux algériens de In-Salah, Tim- mimoun, Aoulef, Fort Motylinski, Fort Polignac, Adrar.. . . . . . | | | |
| | Bureaux militaires du Maroc : (Bou- Denib et Kénifra). Secteurs pos- taux 400 à 499. . . . . . . . . | 4 mois | 4 mois | 4 mois |
| | Colonies françaises autres que l'Ou- banghi-Chari-Tchab . . . . . . | | | |
| | Colonie de l'Oubanghi-Chari-Tchad . | 9 mois | 9 mois | 9 mois |

*Remarque.* Dans les relations : 1° entre la France, d'une part, la Corse et l'Algérie, d'autre part ; 2° entre la Corse et l'Algérie ; 3° entre la France et l'Algérie d'une part, le Maroc, la Tunisie, certaines colonies françaises (Gabon et Moyen-Congo, Madagascar et La Réunion, Soudan et Haute-Volta, Territoire du Niger, Nouvelle-Calédonie, Nouvelles-Hébrides et Eta-blissements de l'Océanie), et les bureaux français de Tanger et du Levant, d'autre part, ainsi que dans les relations de ces mêmes bureaux entre eux, le délai de validité commence à courir *un mois après l'émission des titres, les mois étant comptés de quantième à quantième.*

*Délai de validité des mandats télégraphiques;*

**5 Jours** : Mandats télégraphiques du régime intérieur (France, Algérie, Tunisie, zone française du Maroc et bureau français de Tanger) adressés à des militaires habitant la métropole.

**10 Jours** : Mandats télégraphiques payables en Algérie, en Tunisie, par les bureaux de la zone française du Maroc et le bureau français de Tanger, quels que soient la qualité et le lieu de résidence des bénéficiaires.

**1 Mois** : Mandats télégraphiques originaires ou à destination des colonies.

Passé ces délais, les mandats télégraphiques sont renvoyés au bureaux d'origine ou peuvent (sauf dans le régime franco-colonial) être à la demande de l'expéditeur payés au destinataire dans le même délai qu'un mandat-poste ordinaire. Le jour d'arrivée au bureau payeur n'est pas compté dans le calcul des délais.

**Paiement des mandats et des bons de poste périmés (Service intérieur).** *Ce paiement donne lieu à la perception d'une taxe de renouvellement représentée par des timbres-poste apposés au verso des titres et oblitérés, égale à autant de fois la taxe primitive qu'il s'est écoulé de périodes de validité ou de fraction de période, depuis la date d'expiration de la première. Minimum de taxe de renouvellement des mandats : 0.25 par période de validité.*

La taxe de renouvellement ne peut, en aucun cas, être supérieure à la moitié du montant du titre lui-même forcé au décime s'il y a lieu.

A l'expiration du délai de validité, les *mandats* doivent être *visés pour date* (déposer le titre à la poste). Toutefois, les mandats dont le délai de vali-dité est fixé à un mois peuvent être payés sans être soumis à cette formalité, pendant un mois à compter du premier jour qui suit l'expiration du délai de validité. Mais la taxe de renouvellement est toujours perçue.

**10° PRESCRIPTION.** — *Bons de poste* : 1 an. Mandats : 2 ans (non compris le jour de l'émission).

## MANDATS-POSTE DU SERVICE INTERNATIONAL

Le mandat utilisé est, suivant le pays de destination, soit un mandat clos *avec avis d'émission*, soit un *mandat-carte circulant à découvert.*

*Aucun mandat international ne peut excéder la somme de 1.000 francs.*

## DROIT A PERCEVOIR

**TARIF GÉNÉRAL.** — Argentine (Rép.), Belgique, Bolivie, Chili, Chine, Congo belge, Danemark, Espagne, Esthonie, Finlande, Grèce, Honduras, Islande, Italie et possessions italiennes, Japon, Lettonie, Luxembourg, Mésopotamie (ou Iraq), Norvège, Pays-Bas et leurs colonies, Pologne, Portugal et ses colonies, Salvador, Siam, Suède, Suisse, Tchéco-Slovaquie, Uruguay.

**0.50** par 50 francs ou fraction de 50 francs jusqu'à 100 francs.

Au-dessus de 100 francs, **0.50** par 100 francs ou fraction de 100 francs.

## TARIFS SPÉCIAUX

1º Les mandats à destination de *Tanger* (bureau français), de la *Syrie* et du *Liban*, et du *Territoire du bassin de la Sarre* sont soumis aux mêmes droits que les mandats du *régime intérieur*.

2º Pour les mandats destinés au *Costa-Rica*, le tarif est le suivant :

25 francs et au-dessous, **0.25**.

De 25 fr. 01 à 50 francs **0.50**.

De 50 fr. 01 à 75 francs **0.75**.

De 75 fr. 01 à 100 francs **1 fr**.

Au-dessus de 100 francs, **0.25** par 50 francs ou fraction de 50 francs.

3º Mandats à destination de la *Grande-Bretagne*, des *colonies* et *possessions britanniques*, des *Etats-Unis* et des *Iles Philippines* :

**0.10 par 10 francs ou fraction de 10 francs.**

4º Mandats à destination de la *Perse* :

**0.20 par 20 francs ou fraction de 20 francs.**

**Tarif de l'avis de paiement** : **0.50**, ou si l'avis est demandé postérieurement en dépôt du mandat : **1 fr**.

**REMARQUE IMPORTANTE.** — **Pour les nombreuses particularités d'émission des mandats-poste internationaux, il est indispensable de consulter** *l'Indicateur Universel des P. T. T.*

## II. — RECOUVREMENTS

La Poste se charge de recouvrer des sommes dues (valeurs commerciales ou autres).

Insérer la ou les valeurs à recouvrer, décrites sur un bordereau, dans une enveloppe portant le nom et l'adresse du déposant, le nom du bureau encaisseur et du département. Bordereau et enveloppe sont délivrés sur demande au guichet postal. Le *nombre des valeurs pouvant être insérées dans une même enveloppe* à destination d'un même bureau encaisseur est de 15, si les valeurs dépassent 10 francs; de 5 si une ou plusieurs valeurs dépassent 10 francs, sans que leur total puisse excéder 5.000 francs; de 1, si la valeur est supérieure à 5.000 francs.

Les bordereaux de valeurs à recouvrer (et les déclarations des envois contre remboursement) sont vendus au public à raison de **1** franc le cent ou **0.10** les dix ; les enveloppes de valeurs à recouvrer sont vendues **1.50** le cent ou **0.15** les dix. Au-dessous de 10, ces diverses formules sont délivrées gratuitement.

*Pour le droit de timbre voir ci-dessous.*

Les valeurs doivent être déposées 5 jours avant l'échéance pour la France, 15 jours avant l'échéance pour la Corse, l'Algérie et la Tunisie.

*Maximum du recouvrement* : Service intérieur : illimité ; Maroc (zone française) : 10.000 francs. Bureau français de Tanger : 2.000 francs.

Les valeurs au-dessus de 5.000 francs ne sont payables qu'au guichet.

Les colonies françaises (à l'exception des Comores, de l'Inde française et de la Réunion) participent au service des recouvrements; maximum : 500 fr.

*Affranchissement des enveloppes de valeurs à recouvrer* : Taxe des lettres ordinaires, plus : **0.25** pour la recommandation.

*Sur le montant des sommes recouvrées, le bureau encaisseur perçoit* : 1º un droit d'encaissement calculé comme suit : jusqu'à 100 francs, **0.10** par 20 fr. ou fraction de 20 francs ; de 100 fr. 01 à 500 francs, **0.60** ; au-dessus de 500 francs et jusqu'à 5.000 francs, **0.60** pour les premiers 500 francs, plus **0.10** par 500 francs ou fraction de 500 francs excédant : au-dessus de 5.000 fr.

**1.50** pour les premiers 5.000 francs plus **1** fr. par 5.000 francs ou fraction de 5.000 francs ; 2° un droit de **0.30** par valeur impayée ; 3° le droit ordinaire des mandats-poste, sauf si l'expéditeur a demandé que la somme recouvrée soit versée à son compte courant postal (dans ce cas : droit fixe de **0.25**).

**REMARQUE IMPORTANTE.** — *Demander le barême pour le règlement de compte des recouvrements et des envois contre remboursement édité par l'Indicateur Universel des P. T. T.. Prix :* **0.25.**

**Recouvrements du service international** (*Pour certains pays seulement, consulter l'Indicateur Universel des P. T. T.*).

Chaque envoi ne peut contenir que des valeurs à la même échéance et recouvrables sur cinq débiteurs au plus.

*A l'expédition :* taxe d'une lettre recommandée de même poids et pour la même destination.

*Au règlement de compte :* Prélèvement : 1° de **0.30** par valeur recouvrée ; 2° du droit de commission des mandats ; 3° d'une taxe de **0.20** par valeur impayée, s'il y a lieu.

*Remarque.* Dans le service intérieur et dans les relations avec certains pays étrangers, l'expéditeur d'une valeur à recouvrer par la poste peut la faire *protester.*

Droit de timbre.

I. — **Effets de commerce** (lettres de change, billets à ordre ou au porteur etc.).

*a)* Dont *l'échéance n'est pas à plus de six mois :* **0.05** par 100 francs ou fraction de 100 francs·

*b)* Dont *l'échéance est à plus de six mois :* **0.10** par 100 francs ou fraction de 100 francs.

*c)* Sur lesquels *aucune échéance n'est indiquée :* **0.10** par 100 francs ou fraction de 100 francs.

*Si un effet payable à vue n'a pas été présenté au payement dans les six mois de sa date,* son détenteur doit dans les 15 jours qui suivent l'expiration de ces six mois, le timbrer au *droit supplémentaire* de 5 % sous peine d'une amende de 6 % du montant de l'effet.

II. — **Chèques.** *a)* Sur place, c'est-à-dire payable dans la localité où ils sont délivrés : *droit fixe de* **0.10.**

*b)* De place à place, c'est-à-dire tirés d'un lieu sur un autre : *droit fixe de* **0.20.**

III. — **Timbre-quittance.** Les titres de toute nature (*quittances, reçus, factures, mémoires acquittés,* etc.), signés ou non signés, faits sous signatures privées, qui constatent des payements ou des versements de sommes, quels que soient le caractère commercial ou civil du payement ou du versement et la qualité de celui qui le reçoit ou l'effectue, sont soumis au droit ci-après :
**0.25** de 10 fr. 01 à 100 francs.
**0.50** de 100 fr. 01 à 1.000 francs
**1 fr.** au-dessus de 1.000 francs.
En sont exemptes les quittances de 10 francs et au-dessous.

# Chapitre IV  -  Chèques Postaux

L'Administration des Postes et des Télégraphes ouvre un compte courant à toute personne, Association, Société, Maison de Commerce, Banque, etc. et à tout Groupement de droit ou de fait dont la demande a été agréée.

Pour avoir un compte postal il suffit :

1° D'en faire la demande dans un bureau de poste.

2° Quand la demande a été agréée, d'effectuer un dépôt de garantie de 5 francs.

Tous les bureaux de poste de France et d'Algérie participent au service des chèques postaux.

Les bureaux teneurs de comptes courants sont : Paris, Bordeaux, Clermont-Ferrand, Dijon, Lille, Lyon, Marseille, Montpellier, Nancy, Nantes, Rennes, Rouen, Strasbourg, Toulouse, Alger.

Il existe un service de virements postaux dans les relations avec la Tunisie et avec la Corse.

Les correspondances échangées entre les titulaires de comptes courants et les bureaux de poste sont exonérées de la taxe d'affranchissement.

Les opérations pouvant affecter un compte courant postal sont :

1° Des **versements** par le titulaire ou par un tiers et permettant d'alimenter le crédit du compte au moyen du mandat-carte spécial du service des chèques, du mandat-carte ou du mandat-lettre, ou, si l'expéditeur le demande, du mandat ordinaire. Taxe : **0.25** *uniformément*.

2° Des **retraits** effectués par le titulaire dans le but de disposer des sommes portées au crédit du compte.

*a*) A son profit (chèque nominatif). Taxe de **0.25**.

*b*) Au profit de tiers résidant en France, en Algérie (chèques d'assignation et chèques au porteur). Taxe :

| | | | |
|---|---|---|---|
| Jusqu'à 5 francs. | **0.10** | De 50 fr. 01 à 100 francs. | **0.60** |
| De 5 fr. 01 à 10 francs. | **0.15** | De 100 fr. 01 à 300 francs. | **0.85** |
| De 10 fr. 01 à 15 francs. | **0.20** | De 300 fr. 01 à 500 francs. | **1.10** |
| De 15 fr. 01 à 20 francs. | **0.25** | De 500 fr. 01 à 1.000 francs. | **1.45** |
| De 20 fr. 01 à 50 francs. | **0.35** | | |

Au-dessus de 1.000 francs **0.25** par 500 francs ou fraction de 500 francs.

*c*) Au profit de personnes se trouvant dans les pays de protectorat, les colonies françaises ou à l'étranger : droits ordinaires des mandats à destination de ces pays.

3° Des **virements** au moyen desquels on transfère une somme d'un compte au crédit d'un autre compte. *Taxe fixe de* **0.10**.

Les sommes en compte courant *ne sont pas productives d'intérêts*, mais par contre, le chèque postal se prête à de nombreuses modalités qui constituent autant d'avantages pour le titulaire. Indépendamment des tarifs particulièrement réduits, de la suppression des risques inhérents à la manipulation, au transport et à la garde des espèces métalliques ou fiduciaires, le titulaire d'un compte postal bénéficie de facilités nombreuses. Ainsi il peut :

1° Faire encaisser au domicile de son débiteur, par les soins du service postal, des sommes destinées à être inscrites au crédit de son compte (*carte-remboursement*). Maximum : 2.000 fr. Prix de la carte : **0.05** l'unité.

2° Faire verser au crédit de son compte :

*a*) Des sommes provenant de l'encaissement du montant des valeurs recouvrées ou d'envois contre remboursement. (Le mandat de recouvrement est alors soumis au droit fixe de **0.15** au lieu et place du droit proportionnel).

*b*) Les mandats et bons de poste établis à son nom.

*c*) Les chèques ou valeurs quelconques payables en Banque et tirés à l'ordre du Chef du bureau central de chèque.

*d*) Des sommes provenant de son compte courant à la Caisse Nationale d'épargne.

3° Payer ses redevances postales, télégraphiques et téléphoniques, les taxes de ses communications téléphoniques et de ses télégrammes en compte, le montant de ses abonnements téléphoniques, celui de l'abonnement à une adresse télégraphique enregistrée.

Il peut acquitter les frais de protêt des valeurs à recouvrer, faire des versements à la Caisse Nationale d'épargne soit à son profit, soit au profit de tiers, souscrire aux Bons de la Défense Naionale.

Le titulaire d'un compte courant postal a encore la faculté de se faire ouvrir un compte particulier local au bureau de poste de sa résidence, par prélèvement sur son avoir; au bureau de chèque, un crédit d'un montant fixe lui permettant d'effectuer tout paiement sans espèces au guichet et d'opérer des retraits de fonds à vue.

Par la **lettre de crédit**, enfin, il peut disposer, au cours de ses déplacements, de tout ou partie de son actif disponible. Il existe des coupures de 3 catégories: 100 fr., 500 fr., 1.000 fr. réunies en un carnet pouvant contenir des coupures : de valeur différente. Taxe fixe de **0.15** par lettre de crédit. Ces lettres sont payables à vue dans tous bureaux de poste comme un mandat-poste.

Le titulaire du compte courant peut en assigner à l'avance le paiement dans un bureau de poste, à l'exclusion de tout autre.

Délai de validité : un mois ; pendant le mois qui suit le premier, le paiement est effectué moyennant une taxe de renouvellement de **0.25**. Après deux mois le montant est réimputé au crédit du compte courant.

### Avis de crédit ou de débit.

Indépendamment des communications gratuites (relevé global pour chaque journée au cours de laquelle des opérations ont été effectuées, notification mensuelle de l'avoir net), le titulaire d'un compte peut demander des *communications supplémentaires* relatives à l'avoir net porté à son compte. Redevances mensuelles de :

**0.15** pour l'avis de quinzaine ;

**0.25** pour l'avis hebdomadaire ;

**0.75** pour l'avis bi-hebdomadaire ;

**2.50** pour l'avis quotidien.

*Notification du solde du compte* à une date déterminée : **0.25**.

*Copie du compte* pendant une période déterminée : **1 fr.** pour 100 opérations ou fraction de 100 opérations.

### Prix des formules et imprimés du service des chèques postaux.

Mandats-cartes de versement à envoyer par le titulaire à ses débiteurs à l'appui de ses factures ou bordereaux de marchandises et mandats-cartes de paiement à employer pour les assignations multiples, imprimés. Le cent, **2 fr.**

Cartes-remboursement à utiliser pour l'encaissement à domicile des sommes destinées aux titulaires de comptes. L'unité, **0.05**.

Chèques de paiement et chèques de virement. Carnet de 25 formules. **1 fr.**

Enveloppes spéciales en papier bulle format commercial et portant imprimée l'adresse du bureau de chèques. Le cent, **2 fr.**

Listes des titulaires de compte, I (comptable publics) : **3 fr.** ; II (Paris. Seine et Seine-et-Oise) : **4 fr.** ; III (départ.), colonies, étranger) : **13 fr.** Ces prix s'entendent pour les publications retirées au guichet de l'Imprimerie nationale. Pour recevoir à domicile, envoyer à l'éditeur, compte courant 13971, Paris, suivant le cas : **4 fr.**, **5 fr.** ou **15 fr.**

**Nota.** — Les mandats de versement et de paiement sont livrés gratuitement à une même personne jusqu'à 10 à la fois au maximum. Au-dessus, ils sont vendus aux particuliers sans impressions supplémentaires à raison de **1.50** le cent. Le paiement en a lieu au moment de la livraison.

---

*Le service des chèques postaux a effectué en 1922 plus de 95 milliards de francs d'opérations. Le nombre des titulaires de comptes courants dépasse aujourd'hui 160.000. Votre intérêt est d'avoir un COMPTE COURANT POSTAL.*

---

# Chapitre V. – Caisse Nationale d'Épargne

Gérée, sous la garantie de l'Etat, par l'Administration des postes, la Caisse Nationale d'Epargne reçoit en dépôt les sommes qui lui sont confiées, en assure le placement et rembourse aux déposants les sommes dont ils demandent le retrait.

Intérêt servi : **3.50** % l'an partant du 1er ou du 16 de chaque mois après le versement, cessant de courir du 1er ou du 16 qui a précédé le remboursement. Au 31 décembre de chaque année, l'intérêt est *capitalisé*.

Tout déposant, muni d'un livret de la Caisse Nationale d'épargne, peut continuer ses versements et opérer des retraits de fonds dans tous les bureaux de poste.

*Minimum des versements* : 1 fr. *Maximum des dépôts* : 5.000 fr. Les versements sont reçus *sans frais* dans tous les bureaux de poste. Les remboursements peuvent être obtenus *sans frais* dans n'importe quel bureau ou établissement de poste, sous réserve de l'autorisation par le service détenteur du compte.

Pour éviter au déposant le délai que nécessite, dans le cas d'un remboursement ordinaire, la délivrance de l'autorisation et l'inconvénient d'un double déplacement, *un service de remboursements à vue* a été organisé qui permet aux titulaires de livrets de toucher immédiatement les sommes dont ils ont besoin. Le déposant ne peut obtenir de remboursements à vue que dans un *seul* bureau de poste ou établissement de facteur-receveur et après y avoir été autorisé une fois pour toutes ; mais quand cette autorisation lui a été accordée, il conserve la faculté d'effectuer des opérations d'épargne dans tous les autres bureaux, sous la seule réserve que, lorsqu'il s'agit de remboursements, ceux-ci devront être exclusivement demandés et autorisés *par poste.*

Il existe en outre des *remboursements par télégraphe* (Maximum 500 fr. par jour), *des remboursements par mandats-poste* aux frais du déposant, et à Paris, des *remboursements par carte-pneumatique* (Prix : **1.20**).

Tout titulaire de livret peut, *gratuitement* :

Faire acheter par la Caisse Nationale d'épargne, au moyen de son avoir, des rentes sur l'Etat Français et des obligations des chemins de fer de l'Etat et les faire conserver en dépôt par ladite Caisse. Faire verser à la Caisse Nationale des retraites pour la vieillesse les intérêts liquidés à son profit.

Transférer son avoir d'une Caisse à une autre et, *moyennant une taxe de* **0.10**,

Faire virer des sommes de son compte d'épargne à son compte courant postal et réciproquement.

# Chapitre VI. – Services divers assurés par la Poste

### 1° RETRAITES POUR LA VIEILLESSE
### ASSURANCES EN CAS DE DÉCÈS ET EN CAS D'ACCIDENTS

On peut effectuer dans les bureaux de poste les versements et autres opérations concernant la Caisse des retraites pour la vieillesse, et les deux Caisses d'assurance en cas de décès et d'accidents.

### 2° PENSIONS ET AVANCES SUR PENSIONS

A. *Payement des pensions*. — Les titulaires de pensions civiles et militaires, porteurs de titres de l'ancien modèle, peuvent obtenir le payement de leurs arrérages :

1° Dans les bureaux de poste fonctionnant sur le territoire des communes qui ne sont pas sièges d'une perception des contributions directes ;

2° Dans les bureaux de poste qui auront fait, pour le compte de la Caisse Nationale d'épargne, des avances sur les arrérages. (Voir ci-après.)

Tous les pensionnaires civils et militaires de l'Etat munis de titres de l'ancien modèle ont la faculté, dans les cas ci-dessus, d'obtenir le paiement de leurs arrérages, sans production du certificat de vie. Le pensionnaire doit se présenter en personne muni de son titre et d'une carte d'identité photographique. Les porteurs de titres du nouveau modèle (livrets à coupons de la loi du 5 septembre 1919) peuvent obtenir le payement de leurs arrérages, dans tous les bureaux de poste et les établissements de facteur-receveur.

B. *Avances sur pensions*. — Le titulaire d'une pension sur l'Etat peut recevoir dans tout bureau de poste, sur les arrérages courus du trimestre en cours, une ou deux avances égales chacune à un mois entier d'arrérages, sans fraction de franc. Pour établir la demande, le pensionné doit se présenter personnellement au bureau où il désire toucher, muni de son certificat d'inscription. Le payement a lieu dans les trois jours. Droit de commission perçu au moment du payement de 1 % (minimum **0.50**).

### 3º COUPONS DE RENTE FRANÇAISE ET DES OBLIGATIONS DE LA DÉFENSE NATIONALE

Le payement de ces coupons peut avoir lieu dans les bureaux de poste *sans frais* pour le porteur.

# Chapitre VII. – Télégraphe

## 1º RÉGIMES DE LA CORRESPONDANCE TÉLÉGRAPHIQUE

**1º Régime intérieur :**

France continentale, Corse, Algérie, Tunisie, Principauté de Monaco, Vallées d'Andore ;

**2º Régime international :**

A. *Européen* : Pays d'Europe, Açores (îles), Canaries (îles), Maroc (toutefois, les télégrammes pour la zone française du Maroc et pour Tanger, transitant exclusivement par les voies françaises, sont soumis aux règles du régime intérieur), Russie d'Asie et du Caucase, Transcaspie, Tripolitaine, ' Turquie d'Asie, et par les voies Dakar et Ténériffe : Mauritanie, Sénégal, Soudan français, Haute-Volta et Territoire du Niger.

B. *Extra-Européen* : Tous autres pays.

## 2º RÉDACTION DES TÉLÉGRAMMES

Un télégramme peut être rédigé au crayon ou à l'encre, sur tel papier qu'il convient à l'expéditeur.

### QUELQUES RECOMMANDATIONS AUX EXPÉDITEURS DE TÉLÉGRAMMES

**Ecrivez vos télégrammes très lisiblement sur les formules du modèle administratif ou sur du papier du même format.**

N'employez pas du papier pelure, ni du papier rayé.

Approuvez les ratures et les surcharges.

Indiquez votre adresse au bas de la minute.

**Pour supprimer les causes d'erreur :**

Séparez nettement l'adresse du texte et le texte de la signature.

Espacez les lignes et les mots.

Ne coupez pas les mots en fin de ligne, évitez le langage chiffré.

**Libellez les adresses d'une manière complète.**

Vos télégrammes seront distribués sans retard. Remarquez que les noms des rues et des localités, lorsqu'ils comportent plusieurs mots, sont comptés seulement pour un mot et que le nom du département est transmis gratui-tement.

***

Les diverses parties dont se compose un télégramme sont dans l'ordre suivant :

**1º Indications éventuelles.** — Caractérisent les télégrammes spéciaux (voir ci-après). Exemple : réponse payée, faire suivre, télégraphe restant. Ces indications sont inscrites avant l'adresse *in extenso* ou dans la forme abrégée réglementaire et *taxées*.

2º **Adresse**. — Elle est obligatoire et compte dans le nombre des mots taxés.

**Adresses télégraphiques abrégées ou convenues**. — Vous pouvez être autorisé, moyennant payement d'un abonnement spécial (**120 fr.** par an, à recevoir vos télégrammes *sous un nom conventionnel ou une adresse abrégée*, enregistré au bureau télégraphique qui vous dessert. Vos correspondants, qui auront une taxe moins élevée à payer en raison de l'abréviation de votre adresse, vous sauront gré de consentir un léger sacrifice pour ménager leurs intérêts.

Un destinataire qui n'a pas fait enregistrer un nom de convention ou une adresse abrégée peut demander que des télégrammes qui parviendraient à certaines heures ou à certains jours *lui soient remis ailleurs qu'au domicile indiqué dans l'adresse*. Il acquitte dans ce cas :

1º La même taxe que pour l'enregistrement d'un nom de convention ;

2º Autant de demi-taxes qu'il existe de domiciles, moins un.

Aucune taxe n'est perçue lorsqu'il s'agit d'un cas tout à fait isolé. La remise à divers domiciles, suivant les heures d'arrivée, avec un nom de convention, est également autorisée moyennant l'acquittement des mêmes taxes que ci-dessus.

3º **Texte**. — N'est pas obligatoire.

Il peut être rédigé :

En **langage clair**, c'est-à-dire offrant un sens compréhensible dans l'une ou plusieurs des langues autorisées pour la correspondance télégraphique internationale. (*Voir Indicateur universel des P. T. T.*).

En **langage convenu**, composé de mots ne formant pas de sens compréhensible dans l'une des langues autorisées. Les mots, qu'ils soient **réels ou artificiels**, doivent être formés de syllabes pouvant se prononcer selon l'usage courant d'une des langues allemande, anglaise, espagnole, française, hollandaise, italienne, portugaise ou latine. Ils ne peuvent avoir une longueur supérieure à 10 caractères selon l'alphabet Morse. Les mots artificiels ne doivent pas contenir les lettres accentuées ä, à, å, é, ñ, ö, ü; les combinaisons formées par la réunion de deux ou plusieurs mots du langage clair contraire à l'usage de la langue ne sont pas admises.

En **langage chiffré** formé soit de chiffres arabes, de séries de chiffres arabes ayant une signification secrète, soit de mots, noms ou réunions de lettres ne remplissant pas les conditions du langage clair ou du langage convenu. Le mélange, dans un même groupe, de chiffres et de lettres ayant une signification secrète n'est pas admis.

Sont exceptées de cette règle les marques de commerce.

En **langage mixte**, c'est-à-dire formé de passages en langage clair et en langage convenu ou chiffré.

4º **Signature**. — Elle est facultative ; peut être convenue ou abrégée. La légalisation de la signature peut être transmise.

**Remarques**. — 1º *Il est interdit aux agents de service d'écrire, même en partie, la minute d'un télégramme que désire envoyer un expéditeur ;*

2º *L'expéditeur d'un télégramme en langage secret doit mentionner obligatoirement son adresse sur la minute et justifier de son identité s'il n'est pas connu du service télégraphique.*

### 3º COMPTE DES MOTS. — TAXATION

1º **Langage clair**. — *Règle générale* : On compte pour un mot tout caractère, toute lettre, tout chiffre isolés, tout signe de ponctuation, le souligné, la parenthèse et les guillemets (ensemble des signes de commencement et de fin) ainsi que les indications éventuelles écrites sous la forme abrégée réglementaire.

*Règles spéciales au régime intérieur*. — On compte pour un mot :

*a*) Chaque mot simple figurant dans un vocabulaire usuel de la langue française.

*b*) Chaque mot ou expression formant titre principal dans un dictionnaire usuel de la langue française et dont les éléments sont réunis par un trait d'union ou séparés par une apostrophe (Recueil de ces mots édité et tenu à jour par l'Administration. Prix : **0.35**). Toute expression qui ne figure pas dans ce recueil doit être comptée et taxée pour autant de mots qu'elle en comporte.

*c*) Les dénominations officielles de pays, de circonscription, de lieux, de gares, de voies publiques.

*d*) Les noms d'hôtels, propriétés, fermes, usines, lorsqu'ils reproduisent une expression admise normalement pour un mot.

*e*) Les noms des bureaux télégraphiques écrits tels qu'ils figurent en caractères gras à la nomenclature intérieure.

*f*) Dans l'adresse : le nom du bureau avec celui du département de destination (France continentale, Corse et Algérie).

*Sont taxés à raison de un mot par* 15 *caractères selon l'alphabet Morse* (*ch* = 1 *caractère*) *et sous condition qu'ils soient écrits en un seul mot* : Les noms patronymiques, appartenant à une même personne, les noms de navires, les nombres entiers, décimaux ou fractionnaires, les fractions, les mots composés en usage dans la langue française.

*g*) Les mots des langues étrangères admises.

*h*) Les noms de convention et adresses abrégées, contenus dans le texte.

*Règles spéciales au régime international.* — Sont taxés à raison de un mot par 15 caractères selon l'alphabet Morse :

*a*) Chaque mot simple et, **sous condition qu'ils soient groupés en un seul mot** ;

*b*) Chaque mot composé ;

*c*) Les dénominations officielles des lieux, places, boulevards, rues et autres appellations de voies publiques ;

*d*) Les noms patronymiques appartenant à une même personne, les noms de navires, les nombres entiers, décimaux ou fractionnaires, les fractions.

2° **Langage convenu.** — Chaque mot est compté pour une unité. « *ch* » compte pour deux lettres dans les mots artificiels.

3° **Langage chiffré.** — Chaque groupe de chiffres, de lettres ou de signes est compté à raison de un mot par 5 caractères.

4° **Marques de commerce, numéro d'habitation, nombres ordinaux.** — Chaque groupe mixte de chiffres et lettres est compté à raison de un mot par 5 caractères.

5° **Langage mixte.** — Chaque mot est compté selon les indications ci-après :

*a*) **Langage clair et chiffré :**
Passages clairs à raison de 1 unité par mot ou groupe de 15 caractères.
Passages chiffrés   —   1   —      —        5    —

*b*) **Langage convenu et chiffré :**
Passages convenus à raison de 1 unité par mot de 10 caractères au maxim.
Passages chiffrés       —   1   —      5      —

*c*) **Langage clair et convenu :**
Tout le texte à raison de 1 unité par mot ou groupe de 10 caractères.

*d*) **Langage clair, convenu et chiffré :**
Passages clairs et convenus à raison de 1 unité par mot ou groupe de 10 caractères.
Passages chiffrés à raison de 1 unité par mot ou groupe de 5 caractères.

## RÈGLE GÉNÉRALE DE TAXATION DES TÉLÉGRAMMES

**Les taxes télégraphiques comprennent la TAXE PRINCIPALE (celle afférente aux mots taxés) et les TAXES ACCESSOIRES (toutes autres taxes en sus ; exemple : réponse payée, urgence, etc.) Elles sont en principe perçues au départ. Toute fraction de demi-décime est arrondie au décime entier. Dans tous les régimes la taxe principale est APPLIQUÉE**

**PAR MOT** avec minimum de perception dans le régime intérieur et dans certaines relations du régime européen. (Voir ci-après).

## CAS PARTICULIERS

1° **Affranchissement des télégrammes en timbres poste.** — *Dans le régime intérieur* seulement la taxe des télégrammes *peut* être acquittée *à l'aide de timbres-poste* apposés sur la minute. Les télégrammes affranchis en timbres-poste peuvent être déposés dans les boîtes aux lettres de toutes catégories aux risques et périls des expéditeurs.

En cas d'insuffisance d'affranchissement, ils sont confiés à la poste. Toutefois, il est admis une *tolérance* de un mot pour les télégrammes de 9 mots, 2 mots pour les télégrammes de 15 à 20 mots, 4 mots pour les télégrammes au-dessus de 20 mots.

2° **Calcul des taxes à percevoir sur les expéditeurs de télégrammes internationaux.** - - *Les taxes des télégrammes internationaux doivent être perçues en monnaie autorisée à circuler en France, compte tenu de l'équivalent du franc-or en francs français. Cet équivalent est actuellement de* **3 fr. 40**. *Dans les relations entre la France, l'Algérie et la Tunisie, d'une part, et les colonies françaises, les pays placés sous mandat français (Syrie, Cameroun, Togo) et Tanger, d'autre part, le coefficient reste fixé à* **1.80**.

*Il est notifié par circulaire chaque fois que l'Administration le juge utile.*

*Sont affectées par la conversion : 1° La taxe principale du télégramme ; 2° Parmi les taxes accessoires, seulement celles relatives à l'urgence (y compris les télégrammes dits partiellement urgents (Voir ci-après), au collationnement, aux réponses payées, aux accusés de réception télégraphiques, aux copies (télégrammes multiples ou originaux de télégrammes) ainsi que la taxe maritime des télégrammes sémaphoriques et des radiotélégrammes. Ne sont pas sujettes à conversion les autres taxes accessoires.*

*Procédé de calcul : 1° Calculer comme d'ordinaire : a) la taxe principale ; b) les taxes accessoires affectées par la conversion ; c) les taxes accessoires non affectées par la conversion ; 2° Faire le total des taxes visées sous les §§ a et b et le multiplier par le nombre représentant l'équivalent du franc-or en francs français ; 3° Ajouter au produit de cette multiplication le total des taxes visées sous le paragraphe c.*

*Exemple de taxation.* — Calcul de la taxe d'un télégramme pour Buenos-Aires, voie normale comportant en adresse, texte et signature 7 mots, plus une réponse payée urgente de 5 mots, un exprès payé de 3 fr. 50 et la remise en mains propres, sachant que le franc-or = 3,40 francs français.

*a)* Taxe principale :
(7 mots : 3 indications éventuelles) . . . . . . . 3.45 × 10 = 34.50

*b)* RPD 5 . . . . . . . . . . . . . . . . . . 3.45 × 5 × 3 = 51.75

*c)* XP 3.50 . . . . . . . . . . . . . . . . . . 3.50

Total des taxes à modifier : 34.50 + 51.75 = 86.25.
Ce total affecté par la conversion devient : 86.25 × 3.40 = 293.25.
Somme à percevoir : 293.25 + 3.50 = 296.75.

## 4º PRINCIPALES TAXES TÉLÉGRAPHIQUES INTERNATIONALES

| Pays | Le mot |
|---|---|
| Abyssinie.... | 1.95 |
| Afrique équato- | |
| riale française : | |
| 1re zone... | 3.40 |
| 2e — ... | 3.40 |
| 3e — ... | 3.60 |
| Afrique du Sud : | |
| (Cap, Natal, | |
| Orange, Trans- | |
| vaal).... | 2.50 |
| Albanie.... | 0.30 |
| Allemagne... | 0.18 |
| Annam.... | 3.80 |
| Argentine.... | 3.45 |
| Australie... | 3.75 |
| Autriche... | 0.215 |
| Belgique | |
| (min. 0.75).. | 0.15 |
| Bolivie. 3.25 à | 5.25 |
| Brésil.. 2 » à | 7.75 |
| Bulgarie.... | 0.29 |
| Cambodge... | 3.80 |
| Canada. 1.05, à | 3.75 |
| Canaries.... | 0.38 |
| Chili.. 3.45 à | 3.95 |
| Chine.... | 3.75 |
| Cilicie.... | 2.695 |
| Cochinchine... | 3.80 |
| Costa-Rica... | 3.40 |
| Côte d'Ivoire.. | 3.15 |
| Cuba.. 1.90 à | 2.10 |
| Dahomey.... | 3.15 |
| Danemark... | 0.22 |
| Egypte. 1.25 à | 1.65 |
| Equateur.... | 3.20 |
| Espagne | |
| (min. 0.90).. | 0.18 |
| Etats-Unis : | |
| New-York City | 1.05 |
| Autres bu- | |
| reaux 1.05 à | 1.70 |

| Pays | Le mot |
|---|---|
| Gibraltar | |
| (min. 1 »).. | 0.22 |
| Grande Bretagne | |
| (min. 1 »).. | 0.25 |
| Grèce continen- | |
| tale et Poros | |
| et Eubée... | 0.32 |
| Guadeloupe... | 5.30 |
| Guatemala... | 3.40 |
| Guinée Française | 2.50 |
| Guyane Anglaise | 3.85 |
| Guyane française | 7.10 |
| Guyane hollan- | |
| daise..... | 8.05 |
| Haïti. 4.15 à | 4.40 |
| Honduras.... | 3.65 |
| Hongrie.... | 0.285 |
| Indes britann.. | 2.10 |
| Irlande.... | 0.29 |
| Italie (min. 0.90) | 0.18 |
| Iraq (Mésopot.). | 3.10 |
| Japon.... | 4.17 |
| Laos.... | 3.80 |
| Luxembourg | |
| (min. 0.90).. | 0.15 |
| Madagascar... | 2.75 |
| Malte.... | 0.40 |
| Maroc. 0.20 à | 0.30 |
| Martinique... | 5.30 |
| Mauritanie... | 1.50 |
| Mexique 1.70 à | 2.40 |
| Nicaragua 3.40 à | 3.65 |
| Norvège.... | 0.32 |
| Nouv. Calédonie | 4.60 |
| Nouv. Zélande. | 3.75 |
| Palestine.... | 1.40 |
| Pays-Bas | |
| (min. 1 »).. | 0.185 |
| Pérou. 3.45 à | 3.95 |

| Pays | Le mot |
|---|---|
| Perse.... | 2.16 |
| Pologne... | 0.25 |
| Portugal | |
| (min. 1 »).. | 0.22 |
| Roumanie... | 0.32 |
| Russie d'Europe. | 0.53 |
| Salvador. 3.40 à | 3.65 |
| Sénégal.... | 1.50 |
| Serbes Croates | |
| Slovènes (Roy. | |
| des).... | 0.25 |
| Siam.... | 3.55 |
| Soudan.... | 1.50 |
| Suède.... | 0.25 |
| Suisse (min. 0.75) | 0.15 |
| Syrie.... | 1.55 |
| Tchad.... | 2.10 |
| Tchéco-Slovaquie | 0.25 |
| Tonkin.... | 4.10 |
| Turquie.... | 0.525 |
| Uruguay.... | 3.45 |
| Vénézuela.... | 6.05 |

*Remarque très importante.* — Les taxes ci-dessus, calculées par la *voie normale* et *exprimées en francs-or* doivent être multipliées par le coefficient d'équivalence du franc-or dont le taux est variable. (Voir ci-dessus page 23). Le minimum de perception applicable dans les relations avec certains pays d'Europe est indiqué entre parenthèses.

Consulter l'**Indicateur Universel des P. T. T.** (Prix du numéro 6 fr.) ou les « **Tarifs télégraphiques** » (Prix du numéro 1.25). Ces documents indiquent les taxes *par toutes les voies*, les particularités d'acheminement, les télégrammes spéciaux admis pour chaque pays, etc...

## 5º TÉLÉGRAMMES SPÉCIAUX

Indépendamment des télégrammes ordinaires, tout expéditeur peut envoyer des télégrammes soumis à des conditions spéciales *de dépôt, de transmission ou de remise.* Ces télégrammes spéciaux sont caractérisés par une indication qui doit figurer en tête de l'adresse et qui est comprise dans le nombre des mots taxés (Exemples : Réponse payée ou R. P. ; Faire suivre ou F. S.). Ils ne sont pas admis indifféremment dans le service intérieur et dans le service international, ni pour tous les pays. Consulter à ce sujet *l'Indicateur Universel des P. T. T.*

**Télégrammes avec réponse payée. (R. P.).** — L'expéditeur d'un télégramme peut acquitter à l'avance la réponse qu'il demande à son correspondant.

Dans le service *intérieur*, si l'expéditeur n'indique pas le nombre de mots, la réponse est taxée comme devant avoir 8 mots. Au-dessus de 8 mots : 0.15 par mot (pas de maximum); dans le service *international* : minimum 2 mots avec application du minimum de perception, s'il y a lieu.

*A l'arrivée*, un bon de la valeur de la réponse payée est remis au destinataire. Dans le service international, la valeur du bon doit être multipliée par l'équivalent du franc-or.

*Utilisation des bons.* Un bon est utilisable pendant les 42 jours qui suivent sa délivrance. Le destinataire peut s'en servir pour payer les taxes principae et accessoires de télégrammes pour des destinations quelconques. Si la valeur du bon est *inférieure* à la taxe du télégramme, l'expéditeur paie la différence. (Il peut, dans le service intérieur, faire mettre cette différence à la charge de l'expéditeur du télégramme demandé). S'il y a *excédent* d'au moins 0.50 (régime intérieur), d'au moins 1 fr. (régime international), le bon est remboursé à l'expéditeur sur sa deman le ou sur celle du destinataire (délai de 3 mois à dater de l'émission).

Pour affranchir à l'avance la taxe d'un télégramme dont l'envoi est provoqué par lettre, on peut, dans le régime *intérieur*, se faire délivrer des bons de réponse au guichet des bureaux.

**Télégrammes avec accusé de réception. (P C ou P C P.).** — *Postal* : régime intérieur, 0.25 ; régime international, 0.50 ; *télégraphique* : régime intérieur 1.50 : régime international, taxe supplémentaire égale à celle d'un télégramme ordinaire de 5 mots par la même voie et pour la même destination (minimum de perception, s'il y a lieu).

**Télégrammes avec collationnement. (T C).** — Les télégrammes sont répétés intégralement de bureau à bureau. Le collationnement constitue une sorte d'*assurance* contre le risque d'altération du télégramme. Taxe supplémentaire égale au quart de la taxe d'un télégramme ordinaire du même nombre de mots, pour la même destination et transmis par la même voie que le télégramme à expédier.

**Télégrammes multiples.** — Ils sont adressés soit à plusieurs destinataires dans une même localité, soit à un même destinataire, mais à plusieurs domiciles dans une même localité, soit à un ou plusieurs destinataires dans plusieurs localités différentes desservies par un même bureau. Droit supplémentaire de copie de **1** franc (régime intérieur), et de **0.50** (régime international) par série indivisible de **100** mots.

**Télégrammes à transmettre par priorité.** — Pour l'*Algérie et la Tunisie seulement* : **0.30** par mot avec minimum de perception de **2.40**.

**Télégrammes a faire suivre.** — L'expéditeur qui inscrit en tête de l'adresse de son télégramme la mention « F S » ou « faire suivre » s'engage à payer les frais de réexpédition de ce télégramme. Dans le service intérieur il peut, en versant des arrhes au départ, couvrir les frais de réexpédition.

**Télégrammes à remettre par exprès,** c'est-à-dire par porteur spécial, lorsque le destinataire réside en dehors des limites de l'octroi ou de l'agglomération. — Dans le régime intérieur, surtaxe de **0.75** pour le 1er kilomètre, et de **0.45** pour chacun des kilomètres suivants. Lorsque l'expéditeur n'acquitte pas les frais d'exprès au départ le télégramme est remis par la poste.

**Télégrammes à remettre contre reçu. (Indication à porter : A R).** — Cette disposition n'est applicable qu'en France. Taxe supplémentaire de **0.20.**

**Télégrammes à remettre poste restante (G P), ou télégraphe restant. (T. R.).** — Taxe supplémentaire de 0.20 dans le régime intérieur. A l'arrivée les télégrammes internationaux adressés G P ou T R acquittent la même taxe.

**Télégrammes à remettre en mains propres.** — Admis dans le service intérieur : (Taxe supplémentaire de 0.20). Pas de taxe supplémentaire dans le service international (admis seulement pour quelques pays étrangers).

**Télégrammes à remettre ouverts.** — Ces télégrammes sont remis dans les mêmes conditions que les télégrammes ordinaires, mais sans être cachetés. Indication à porter : « Ouvert ». Admis pour la France et quelques pays étrangers.

**Télégrammes à distribuer même pendant la nuit ou seulement pendant les heures de jour.** — L'expéditeur d'un télégramme à destination d'un bureau à service *permanent* ou de *demi-nuit* peut demander que son télégramme soit distribué **même pendant la nuit** (21 h. à 22 ou 24 h.) ou **seulement pendant les heures de jour** (7 h. à 21 h.).

**Télégrammes urgents. (D).** — Bénéficient de la priorité de transmission et de remise. Admis pour certains pays *étrangers* seulement (consulter l'*Indicateur Universel des P. T. T.*). La taxe est trois fois la taxe principale.

**Télégrammes partiellement urgents. (P U).** — A destination *des pays de l'Amérique du Nord seulement.* Bénéficient de la priorité de transmission sur une partie de leur parcours. Pour la taxe, consulter l'*Indicateur Universel des P. T. T.*

**Télégrammes différés.** (Régime international seulement). — Bénéficient d'une réduction de tarif de 50 %. Consulter l'*Indicateur Universel des P. T. T.*

Les télégrammes différés ne sont *transmis* sur les lignes intérieures et internationales qu'après les télégrammes privés non urgents et les télégrammes de presse.

Ceux qui ne sont pas parvenus à destination dans le délai de 24 heures à partir de leur dépôt sont transmis concurremment avec les télégrammes taxés à plein tarif.

Ils sont *remis* concurremment avec les télégrammes à plein tarif et dans les mêmes conditions.

**Télégrammes-lettres.** — Ce sont des télégrammes échangés entre la France, l'Algérie et la Tunisie d'une part, et certaines *colonies françaises* d'autre part, au moyen des paquebots-poste. Ils sont transmis *par télégraphe* du bureau d'origine jusqu'au port d'embarquement et du port de débarquement jusqu'au bureau de pestination. Pour la taxe à appliquer, consulter l'*Indicateur Universel des P. T. T.*

**Télégrammes sémaphoriques.** — On appelle ainsi des télégrammes échangés avec les navires en mer au moyen des *bureaux sémaphoriques*. Indépendamment de la taxe principale et, s'il y a lieu, des taxes accessoires, ils sont passibles d'une taxe spéciale dite *taxe maritime*.

*Service intérieur* : **0.15** par mot (minimum : **1.20** ; maximum **2.40**).

*Service international* : **1** fr. dans tous les cas.

**Télégrammes de presse :**

*Service intérieur* : Jusqu'à 200 mots : **0.02** par mot. Au-dessus de 200 mots : **0.025** par mot. Ajouter une surtaxe de **0.15** jusqu'à 10 mots ; **0.25** de 11 à 50 mots ; **0.50** au-dessus. Minimum : **0.65** (y compris la surtaxe).

*Service international* : consulter l'*Indicateur Universel des P. T. T.*

## 6° TAXES DIVERSES DU SERVICE TÉLÉGRAPHIQUE

**Récépissé de dépôt d'un télégramme.** — Peut être demandé soit au moment du dépôt, soit dans les 6 mois qui suivent. *Dans tous les régimes* : taxe de **0.20**.

**Retrait ou annulation d'un télégramme.** — La taxe est remboursée sous déduction de **0.50** (régime intérieur) ou de **0.25** (régime international).

**Copie ou communication de l'original d'un télégramme.** — Pour la copie : droit de **1** fr. (régime intérieur) ou de **0.50** (service international), par série indivisible de 100 mots.

Pour la communication : droit fixe de **1** fr. dans les deux régimes.

## 7° QUELQUES FACILITÉS A CONNAITRE ET A UTILISER

**A. Télégrammes à expédier des communes rurales.** — Les habitants des communes rurales peuvent remettre leur télégramme au facteur sous enveloppe fermée avec mention « Télégramme à expédier ». Dans ce cas, l'envoyeur paie **0.10** au facteur à titre de commission.

**B. Télégrammes en compte. Provision de garantie.** — Les télégrammes en compte sont ceux dont la taxe n'est pas perçue au moment du dépôt.

L'organisation de ce service présente, pour les expéditeurs, le double avantage de réduire au minimum le dérangement nécessité par l'envoi de ses télégrammes et d'accélérer la mise en transmission.

Les télégrammes sont simplement remis au guichet ; le déposant n'a pas à attendre que soient effectuées les opérations de taxation, d'inscription et de caisse : les comptes sont ouverts, tenus et liquidés *sans aucun frais* moyennant le dépôt d'une *provision de garantie* dont la quantité correspond à la dépense moyenne d'un mois. Les titulaires d'un compte courant de chèques postaux, peuvent être dispensés de déposer une provision.

**C. Télégrammes téléphonés.** — Les abonnés au téléphone ont la faculté d'utiliser leur communication téléphonique pour l'envoi et la réception de leurs télégrammes.

*Ils évitent* ainsi : au départ, *le dérangement* que comporte le dépôt au guichet *et le délai* d'acheminement des **télégrammes** sur les services de transmission.; à l'arrivée, les délais afférents aux opérations de mise en distribution et de port à domicile.

Chacun de ces télégrammes donne lieu à la perception d'une taxe spéciale de **0.20** au départ, **0.10** à l'arrivée. Les taxes et surtaxes applicables aux télégrammes téléphonés sont portées au compte de l'abonné.

# Chapitre VIII. – Télégraphie sans fil

La télégraphie sans fil est utilisée soit pour l'échange des télégrammes avec les navires (*radiotélégrammes*), soit pour la transmission des télégrammes dans les relations avec certaines colonies françaises et certains pays étrangers (*communications par T. S. F.*).

## 1° RADIOTÉLÉGRAMMES

On appelle ainsi les télégrammes échangés *avec les navires en mer* au moyen des stations côtières. Il ne faut pas les confondre avec les télégrammes ordinaires échangés par T. S. F. (voir ci-après).

La taxe des radiotélégrammes comprend :

1° Taxe principale afférente au parcours entre le bureau d'origine et la station côtière (départ) ou entre celle-ci et le bureau de destination (arrivée).

2° Taxes accessoires s'il y a lieu.

3° Taxes maritimes : *a)* côtière ; *b)* de bord. (Voir la nomenclature des stations radiotélégraphiques). *Le coefficient d'équivalence du franc-or s'applique à ces taxes.*

4° Taxes de transit des stations côtières ou de bord intermédiaires.

**Radiotélégrammes à grande distance.** — Ils sont transmis par la station de T. S. F. de Basse-Lande, près Nantes, aux stations de bord situées dans un rayon de 1.800 milles nautiques autour de Nantes, mais auxquelles leur éloignement ne permettrait pas de recevoir des radiotélégrammes ordinaires. Ils sont passibles de la taxe télégraphique ordinaire et d'une taxe de transmission radiotélégraphique de **1.50** par mot, avec application de l'équivalent du franc-or. Une taxe de bord de **0.50** par mot est en outre perçue sur le destinataire.

## 2° COMMUNICATIONS PAR T. S. F.

Des télégrammes peuvent être échangés au moyen de la télégraphie ans fil :

1° *Par la voie T. S. T.*, ou *par la voie T. S. F.* — *câbles*, exploitée par l'Administration des postes dans les relations avec les pays ci-après. (*La taxe par mot est indiquée entre parenthèses et en franc-or*).

Autriche **(0.215)** ; Bulgarie **(0.29)** ; Grèce **(0.53)** ; Hongrie **(0.285)** ; Pologne **(0.25)** ; Russie **(0.53)** ; Suède **(0.25)** ; Yougo-Slavie **(0.25)** ; Maroc **(0.30** et comme voie de secours seulement).

Et **au départ de France seulement** dans les relations avec les pays ci-après :

Afrique équatoriale française (1<sup>re</sup> zone et Port-Gentil : **1.75** ; 2<sup>e</sup> zone : **1.50** ; 3<sup>e</sup> zone : **1.70**), Cameroun **(2.695)** ; Comores (2 fr.) ; Côte d'Ivoire **(1.30)** ; Côte française des Somalis **(1.45)** ; Dahomey **(2.285)** ; Guadeloupe **(2.10)** ; Guinée française **(1.20)** ; Guyane française **(1.45)** ; Indo-Chine française : Annam **(2.50 à 2.80)** ; Cambodge, Cochinchine et Laos **(2.50)** ; Poulo Condore **(2.70)** ; Tonkin **(2.80)** ; Liberia (Rép. de) **(2.40)** ; Madagascar (2 fr.) ; Martinique **(2.10)** ; Mauritanie (**1** fr.) ; Réunion (2 fr.) ; Saint-Pierre et Miquelon **(0.80)** ; Sénégal (**1** fr.) ; Tchad **(1.60)**.

*Remarque.* — Dans les relations avec les pays pour lesquels la communication n'existe qu'au départ de France les télégrammes différés, les télégrammes urgents, les télégrammes avec accusé de réception télégraphique ou avec collationnement ne sont pas admis. Pour les télégrammes avec — RP — la taxe afférente à la réponse est calculée au tarif de la voie des câbles.

2° Par la voie **Radio France**, exploitée par la Compagnie Radio-France, 166, rue Montmartre, Paris (2<sup>e</sup>) dans les relations notamment avec l'Amérique, (New-York City **0.90**) ; Buenos-Aires **(3.25)** ; la Grande Bretagne **(0.25)** ;

la Cilicie (**2.05**), la Syrie, Le Liban, la Palestine (**1.30**) ; l'Espagne (**0.25**) ; la Roumanie (**0.32**) ;la Tchéco-Slovaquie (**0.25**) ; l'Egypte (**1.30 à 2 fr.**).

Porter suivant le cas, sur les télégrammes la mention *non taxée*, via « T. S. F. » ou « via T. S. F.-câbles » ou « via Radio-France ».

**Radio-lettres.** — Dans les relations avec certaines colonies françaises, utilisez les **Radio-lettres**, *rapides et économiques*.

Ce sont des correspondances acheminées par moyens postaux entre le bureau télégraphique et une station radio-télégraphique émettrice (bureau central de Paris), puis transmises radio-électriquement par cette station à une station réceptrice (Rufisque ou Bamako, Conakry, Brazzaville, Tananarive, Djibouti, Grand Bassam, Saigon Lareinty, Cayenne, Destrellan, Saint-Pierre, Saint-Denis) et enfin envoyées postalement au destinataire par cette dernière.

Exemple : Un câblogramme de 20 mots pour Tananarive coûterait 99 fr. ; un radio-lettre : 42 fr. 40. Durée du trajet : une lettre ordinaire : 28 jours ; une radio-lettre : 48 heures.

*Pour la taxation des radio-lettres, consulter l'Indicateur Universel des P. T. T.*

### 3º LES POSTES DE |T. S. F. PRIVÉS

**A Postes de réception.** Seules conditions exigées :

a) Engagement de ne pas s'immiscer dans l'échange des correspondances particulières ;

b) Déclaration reçue sans formalités dans un bureau de poste quelconque contre simple justification de l'identité et de la nationalité du déclarant. Pas d'autres frais que l'apposition d'un timbre de 1 franc sur la formule de déclaration.

Pas de redevance. Seuls, les postes utilisés par des *commerçants* pour des auditions publiques paient une redevance dont le taux varie de 50 à 200 francs par an, selon l'importance de la localité.

Les postes détenus par des *étrangers* et ceux destinés à recevoir des *correspondances particulières* doivent faire l'objet d'une autorisation individuelle dans les mêmes conditions que les postes d'émission.

B. **Postes d'émission.** Doivent faire l'objet d'une autorisation accordée par le Sous-Secrétaire d'Etat des P. T. T. après avis d'une commission spéciale composée de représentants des divers services publics et des groupements d'industriels et d'amateurs intéressés. Le décrat du 24 novembre 1923 (*J. Off.* du 14 Décembre page 11.617). Ce décret distingue 5 catégories de postes et établit des gammes de longueur d'onde et de puissance afin d'éviter les brouillages.

a) *Postes servant à l'établissement des communications particulières :* redevance annuelle de 40 francs par watt.

b) *Postes de diffusion publique* (concerts, informations, etc.) Font l'objet de conventions spéciales.

Tous les postes privés d'émission sont passibles d'une taxe annuelle de contrôle de 100 francs.

# Chapitre IX. - Téléphone

## I — PRINCIPAUX TARIFS D'ABONNEMENT TÉLÉPHONIQUES

**Définitions** : *Poste principal* : Celui qui est relié *directement* au bureau central. La ligne de raccordement est dite *ligne principale*.

*Postes supplémentaires*, 2 catégories :

1º *Ordinaires* : sont reliés directement à un poste principal et communiquent avec le bureau central par l'intermédiaire de ce poste principal.

2º *A appel direct* : sont également rattachés à un poste principal, mais par suite d'une disposition technique spéciale, ils peuvent appeler directement le bureau central.

La ligne de raccordement entre le poste principal et le poste supplémentaire est dite *ligne supplémentaire*.

## 1° ABONNEMENT FORFAITAIRE

Dans ce régime, la redevance d'abonnement comporte la payement à forfait des conversations locales ou de groupe obtenues à partir du poste.

| | MONTANT DE L'ABONNEMENT ANNUEL | | | | |
|---|---|---|---|---|---|
| | PARIS | LYON | Villes de plus de 80.000 habitants (dont les réseaux ne sont pas constitués en groupe) (1) | Villes de plus de 25.000 habitants | Villes de 25.000 habitants et au-dessous (dont les réseaux sont constitués en groupe) (1) |
| **POSTE PRINCIPAL** | Fr. | Fr. | Fr. | Fr. | Fr. |
| Poste particulier. . . . . | 700 » | 525 » | 350 » | 350 » | 262.50 |
| Poste d'immeuble pour le service des locataires . | 1.000 » | 750 » | 500 » | 500 » | 375 » |
| Poste installé dans un local à la disposition de la clientèle ou du public | 1.200 » | 900 » | 600 » | 600 » | 450 » |
| POSTE SUPPLÉMENTAIRE | | | | | |
| Poste ordinaire. . . . . | 100 » | 80 » | 80 » | 100 » | 100 » |
| Poste à appel direct utilisé par le titulaire de l'abonnement principal. . | 150 » | 120 » | 120 » | 150 » | 150 » |
| Poste à appel direct utilisé par des personnes autres que le titulaire de l'abonnement principal . . . . . . . . . | 200 » | 160 » | 16 » | 200 » | 200 » |

(Tarif dégressif au delà de 10 postes supplémentaires rattachés à un même poste principal : Abonnés ayant demandé de bénéficier du tarif B.) Consulter l'*Indicateur Universel des P. T. T.*

(1) Un groupe est formé par un ensemble de réseaux reliés respectivement à un même centre par une ligne directe et spéciale dont la longueur ne dépasse pas 25 km.

## 2° ABONNEMENT A CONVERSATIONS TAXÉES

(Admis seulement dans les villes dont la population n'excède pas 80.000 habitants. Recensement de 1896).

Les abonnés doivent, sous ce régime, acquitter en plus les taxes ordinaires des conversations pour les communications *demandées par eux*.

**Abonnement principal** : 1re année : **300 fr.** — 2e année : **200 fr.** — 3e année : **125 fr.**

**Abonnement supplémentaire** : **60 fr.** par an. (Tarif dégressif au delà de 10 postes supplémentaires).

## 3° FOURNITURE, INSTALLATION ET ENTRETIEN DES LIGNES ET DES APPAREILS

### I. — Lignes et postes principaux

A. **Fourniture des lignes** :

1° *Abonnement à conversations taxées*. **60 fr.** par hectomètre indivisible de ligne double aérienne ou souterraine posée ou utilisée dans l'intérieur d'un cercle de 2 km. de rayon à partir du bureau central (minimum de **150 fr.**). La partie de la ligne construite ou utilisée au delà de cette limite donne lieu au remboursement intégral des dépenses majorées de 10 %.

2° *A Paris,* **700 fr.** pour la partie de ligne comprise dans l'intérieur du mur d'enceinte de la ville. Pour la section de ligne construite au delà de cette limite, **60 fr.** par hectomètre indivisible de ligne aérienne ou souterraine posée ou utilisée (sans minimum).

3° *A Lyon* **450 fr.** pour la partie de ligne comprise à l'intérieur des limites de l'ancien octroi. Au delà de cette limite, mêmes conditions que pour Paris.

4° *Tous autres abonnements forfaitaires. Part contributive de* **60 fr.** par hectomètre indivisible de ligne double aérienne ou souterraine posée ou utilisée avec minimum de **150 fr.**

### B. **Entretien des lignes.**

1° *Conversations taxées. Gratuit* dans l'intérieur d'un cercle de 1.000 mètres de rayon à compter du bureau central.

Les sections de lignes situées en dehors de ce cercle donnent lieu au payement d'une redevance annuelle de **0.08** par mètre de ligne double aérienne ; **0.16** par mètre de ligne double souterraine en égout, galerie ou tranchée ou en câble sous plomb.

(Minimum de **3 fr.** par ligne et par an).

2° *Paris et Lyon.* Entretien *gratuit* à *Paris,* dans la limite du mur d'enceinte. A *Lyon,* dans les limites de l'ancien octroi. Au delà de cette limite, redevance d'entretien fixée comme il est indiqué à l'abonnement à conversations taxées.

3° *Autres réseaux forfaitaires :*

*a)* Lignes reliant au bureau central les postes, situés à l'intérieur d'une limite fixée par une disposition spéciale à chaque réseau : entretien gratuit.

*b)* Lignes reliant des postes situés en dehors de la limite fixée ci-dessus :

$\alpha$) Pour la section à l'intérieur de cette limite : entretien gratuit.

$\beta$) Pour le surplus : redevance calculée comme au § 1.

Dans les réseaux qui admettent concurremment l'abonnement **forfaitaire** de groupe et l'abonnement à conversations taxées : entretien gratuit à l'intérieur d'un cercle de 1.000 mètres de rayon à compter du bureau central.

### C. **Fourniture et installation des appareils.**

1° *Abonnement à conversations taxées. Organes essentiels* (1) *fournis* par l'Administration et installés moyennant une redevance de **25 fr.** une fois payée.

*En sus, pour un appareil mobile,* redevance annuelle de **60 fr.** Longueur maximum du cordon souple d'un poste mobile : 5 mètres.

Les abonnés peuvent *fournir* eux-mêmes les organes essentiels de leurs postes principaux mais sans diminution de redevance.

*Organes accessoires* (2) : *fournis* par l'abonné et installés moyennant remboursement des dépenses correspondantes majorées de 10 %.

2° *Abonnement forfaitaire.* Organes *essentiels* (sauf les générateurs d'électricité nécessaires au service normal du poste et les dispositifs de protection) et organes *accessoires fournis* par les abonnés.

Organes essentiels *installés* gratuitement.

Organes accessoires *installés* moyennant remboursement intégral des dépenses plus 10 %.

---

(1) Générateurs d'électricité, dispositifs d'appel et de protection, transmetteurs et récepteurs.

(2) Tous autres appareils ajoutés à l'installation d'un poste, à la demande du titulaire, notamment les éléments de piles microphoniques au-dessus de deux.

D. **Entretien des appareils.**

1° *Abonnement à conversations taxées.*
*Organes essentiels :* entretenus gratuitement (1).

*Organes accessoires :* Redevance annuelle de :
Tableaux :

| | |
|---|---:|
| 1re direction principale. . . . . . . . . . . . . . . . . . . . . | 20 » |
| Autres directions principales et par direction utilisée. . . . . . . | 16 » |
| Non utilisée. . . . . . . . . . . . . . . . . . . . . . . . . . . | 4 » |
| Directions supplémentaires et par direction utilisée. . . . . . . . | 6 » |
| Non utilisée. . . . . . . . . . . . . . . . . . . . . . . . . . . | 1.50 |
| Cordon à double fiche . . . . . . . . . . . . . . . . . . . . . . | 2 » |
| Conjoncteur (2) . . . . . . . . . . . . . . . . . . . . . . . . . | 4 » |
| Fiche de conjoncteur. . . . . . . . . . . . . . . . . . . . . . . | 2 » |
| Commutateur. . . . . . . . . . . . . . . . . . . . . . . . . . . | 4 » |
| Sonnerie supplémentaire . . . . . . . . . . . . . . . . . . . . . | 4 » |

Élément de pile (sans remplacement), **2 fr.** (avec minimum de **4 fr.**).
Autres organes accessoires non désignés : 10 % de la valeur de ces organes avec minimum de **4 fr.** par engagement et par an.

2° *Abonnement forfaitaire.*
Mêmes conditions que pour l'abonnement principal à conversations taxées (sauf en ce qui concerne la redevance annuelle d'entretien applicable aux postes mobiles).

## II. — Lignes et postes supplémentaires

1° *Fourniture et entretien de lignes.* (Quel que soit le régime d'abonnement, à conversations taxées ou forfaitaire).

A. **Part contributive de 60 fr.** par hectomètre indivisible de lignes à deux fils, **80 fr.** par hectomètre indivisible de lignes à trois fils avec minimum de **100 fr.** dans les deux cas quand la ligne supplémentaire n'est pas, du fait de l'abonné, installée en même temps que la ligne principale.
Lignes en câble sous plomb : à 2 ou 3 conducteurs, **2 fr.** par mètre sans minimum.
*Redevance d'usage :* **10** fr. par hectomètre indivisible de ligne et par an.

B. **Redevance annuelle d'entretien : 0.10** par mètre de ligne double aérienne ; **0.125** par mètre de ligne triple aérienne ; **0.20** par mètre de ligne double souterraine ou en câble sous plomb ; **0.25** par mètre de ligne triple souterraine ou en câble sous plomb.
Dans tous les cas minimum de **3 fr.** par ligne et par an.
*Remarque.* La fourniture et l'entretien des lignes supplémentaires des abonnés ayant demandé à bénéficier du tarif B (plus de 10 postes supplémentaires) sont à la charge des abonnés.

2° *Fourniture et installation des appareils : a) Abonnés à conversations taxées.* Organes essentiels et accessoires *fournis* par les abonnés à l'exception des dispositifs de protection et des générateurs d'électricité nécessaires au service normal du poste *installés* gratuitement. Toutefois le tableau ou le commutateur nécessaires à la connexion sont installés aux frais des abonnés (dépenses réelles majorées de 10 %).

*b) Abonnés forfaitaires.* Mêmes conditions que pour l'abonnement forfaitaire principal. (Voir ci-dessus.)

C. *Entretien des appareils :* Mêmes conditions que pour l'abonnement principal à conversations taxées ou forfaitaires.
*Remarque.* La fourniture, l'installation et l'entretien des appareils des postes supplémentaires des abonnés ayant demandé à bénéficier du tarif B (plus de 10 postes supplémentaires) sont à la charge de ces abonné.

---

(1) Les appareils mobiles des postes principaux à conversations taxées sont passibles d'une redevance spéciale d'entretien de **60** francs par an.

(2) Tout conjoncteur établi sur une ligne principale ou supplémentaire est en outre soumis au paiement d'une redevance annuelle de **60** francs.

## 4° SOUSCRIPTION DES ABONNEMENTS TÉLÉPHONIQUES

### Où peut-on souscrire ?

*Pour le réseau de Paris* : à la Direction des Services téléphoniques de Paris (bureau des abonnements téléphoniques), 24, rue Bertrand (Téléphone : Ségur 46-20 et Ségur 46-21).

*Pour les réseaux de banlieue* (Seine, Seine-et-Oise et Seine-et-Marne). Direction du Service technique de la région de Paris (extra-muros), 24, rue Bertrand (Téléphone : Ségur 46-81) ; à la Direction des postes du département ou au bureau de poste de la localité.

*Au chef-lieu de chaque département* : à la Direction des postes ou dans le ou les bureaux désignés par le directeur.

*Dans les autres localités* : dans le bureau de plein exercice, s'il n'y en a qu'un ; le ou les bureaux désignés par le directeur, s'il y a en plusieurs ; au bureau d'attache s'il n'y a pas de bureau de plein exercice.

Les formules d'engagement sont remises par le service intéressé.

## 5° ABONNEMENTS SPÉCIAUX

**A. Abonnement forfaitaire temporaire** (ou de saison). Sous ce régime la communication (ligne et appareils) est maintenue à la disposition de l'abonné d'une façon permanente moyennant une redevance fixe *annuelle*. Pendant tout ce temps l'abonné a la faculté d'utiliser la communication par période mensuelle ou trimestrielle à son gré, moyennant le paiement d'une redevance forfaitaire correspondante.

**B. Abonnement pour l'échange exclusif des conversations interur-.baines.** (*Admis seulement dans les réseaux à abonnement forfaitaire*).

Tarif :

|  |  |  |
|---|---|---|
| Abonnement principal | Paris | 262.50 |
|  | Lyon | 218.75 |
|  | Autres réseaux | 87.50 |
| Abonnement supplémentaire | Paris | 100 » |
|  | Autres réseaux | 80 » |

**C. Abonnement pour l'usage exclusif de la ligne dans un seul sens,** soit pour les communications de départ, soit pour les communications d'arrivée (admis seulement dans les réseaux de Paris, Lyon, Marseille, Bordeaux, Lille, Roubaix, Tourcoing, Nice, Le Havre, Rouen, Nantes et Nancy).

Les abonnements relatifs à ces lignes bénéficient d'une réduction de 25 % sur le tarif applicable aux lignes de la même catégorie.

## QUELQUES RECOMMANDATIONS

**Ayez un nombre d'abonnements principaux correspondant à votre trafic.** Vous serez moins souvent « pas libres ». Vous éviterez des appels inutiles à vos correspondants et l'encombrement des circuits qui en résultent.

**Demandez toujours les abonnés par leur numéro d'appel**
Si le numéro ne figure pas à l'annuaire, demandez-le au service des renseignements.

**Répondez sans retard aux appels du bureau central.**
Celui qui désire vous parler vous attend et son temps est aussi précieux que le vôtre.

**Parlez clairement, distinctement, sans élever la voix.**
Vos lèvres doivent être aussi près que possible du transmetteur.

**Ayez toujours sous la main un bloc-notes et un crayon.**
Vous n'aurez pas besoin, le cas échéant, de quitter l'appareil.

**Soyez aussi concis que possible.**

**Ne gardez pas la ligne plus longtemps qu'il n'est nécessaire.**
Vous rendrez probablement service à d'autres abonnés.

**Lorsque vous vous éloignez momentanément du téléphone avant**

qu'une conversation en cours soit terminée, ne raccrochez pas les écouteurs.

I.a communication serait coupée.

**Mais raccrochez toujours les récepteurs quand la conversation est terminée.**

Faute de quoi le bureau central serait dans l'impossibilité de vous appeler.

## II. — TAXES DES COMMUNICATIONS TÉLÉPHONIQUES

**L'unité de durée de conversation téléphonique est de 3 minutes.**
**Catégories de communications :**

1° *Locales* óu *de réseau* quand elles ont lieu entre postes situés dans un même réseau (1).

2° *Interurbaines* (départementales ou interdépartementales), quand elles s'échangent entre postes situés dans des réseaux différents.

3° *Internationales*, quand elles ont lieu avec des réseaux étrangers en correspondance avec la France.

### 1° CONVERSATIONS LOCALES

Jour et nuit : **0.25** dans tous les réseaux.

### 2° CONVERSATIONS INTERURBAINES

1° *Entre réseaux d'un même département,* **1 franc.**

2° *Entre réseaux de départements différents,* **0.75** par 75 km. de distance mesurée à vol d'oiseau de chef-lieu de département à chef-lieu de département.

Minimum de perception **1.25.**

Les taxes visées aux §§ 1ᵉʳ et 2ᵉ ci-dessus sont réduites à **0.50** :

a) Pour les conversations échangées par des lignes téléphoniques dont la longueur totale ne dépasse pas 25 km.

b) Pour les conversations échangées entre réseaux des localités appartenant à un même canton ou à des cantons limitrophes reliés par une ou plusieurs lignes directes.

c) Pour les conversations échangées entre le réseau d'une ville siège de plusieurs chefs-lieux de canton et les réseaux des localités situées dans l'un quelconque de ces cantons.

Pour la fixation des taxes interurbaines, les départements de la Seine et de Seine-et-Oise sont considérés comme formant un seul département ayant pour chef-lieu Paris.

*Taxe des conversations interurbaines de nuit:* les 3/5 de la taxe unitaire de communication interurbaine de jour sans qu'elle puisse être inférieure à **0.50** par unité de conversation.

Taxes applicables aux conversations échangées entre les réseaux et cabines de Seine et de Seine-et-Oise et les réseaux et cabines des départements (Voir *Indicateur Universel des P. T. T.* page 114).

---

(1) Le réseau local est l'ensemble des postes d'abonnés, des postes publics et des lignes rattachant ces postes à un même bureau central téléphonique ou aux autres bureaux centraux téléphoniques établis sur le territoire d'une même commune.

## 3° COMMUNICATIONS TÉLÉPHONIQUES INTERNATIONALES ÉCHANGÉES AVEC LE DÉPARTEMENT DE LA SEINE

| Pays | VILLES PRINCIPALES | Jour | Nuit |
|---|---|---|---|
| Allemagne . | 1<sup>re</sup> **zone** : Deux-Ponts (Zweibrucken), Fribourg-en-Brigau, Kaiserslautern, Karlsruhe, Landau, Ludwigshafen, Mannheim, Pforzheim, Spire, Stuttgart, Trèves, etc. . | 3 » | 1.80 |
| | 2<sup>e</sup> **zone** : Aix-la-Chapelle, Cassel, Coblence, Cologne, Dusseldorf, Essen, Franfort, Mayence, Munich, Nurenberg, etc. . . . | 4 » | 2.40 |
| | 3<sup>e</sup> **zone** : Berlin, Brême, Breslau, Charlottenbourg, Dresde, Hambourg, Kiel, Leipzig, Lubeck, Magdebourg, Potsdam, Stettin, etc. . . . . . . . . . . . . . | 6 » | 3.60 |
| Belgique . . | 1<sup>re</sup> **zone** : Provinces de : Flandre occidentale, Hainaut, Luxembourg et Namur (Arlon, Bruges, Charleroi, Chimay, Mons, Namur, Ostende, Tournai, etc). . . . . . . . | 4.50 | 2.70 |
| | 2<sup>e</sup> **zone** : Provinces de : Anvers, Brabant, Flandre occidentale, Liége et Limbourg (Anvers, Bruxelles, Gand, Landen, Louvain, Malines, Termonde, Liége, Verviers, etc.).. | 5.50 | 3.30 |
| Espagne . . | 1<sup>re</sup> **zone** : Province de Gérone et de Guipuzcoa. . . . . . . . . . . . . . | 9.50 | 5.70 |
| | 2<sup>e</sup> **zone** : Provinces de : Alava, Barcelone, Biscaye ou Viscaya, Burgos, Huesca, Lérida, Logrono, Navarre, Palencia, Santander, Saragosse, Soria, Tarragone. . . | 11 » | 6.60 |
| | 3<sup>e</sup> **zone** : Province de Madrid. . . . . . | 14 » | 8.40 |
| Grande Bretagne | 1<sup>re</sup> **zone** : Londres, Birmingham, Brighton, Bristol, Douvres, Folkestone, Newhaven, Nottingham, Portsmouth, Southampton. | 7.50 | 4.50 |
| | 2<sup>e</sup> **zone** : Bradford, Cardiff, Hull, Leeds, Liverpool, Manchester, Newcastle, Sheffield, Swansea, etc. . . . . . . . . . | 9.75 | 5.85 |
| | 3<sup>e</sup> **zone** : Ecosse : Edimbourg, Glascow . . | 11.75 | 7.05 |
| Italie. . . . | Porto Maurizio, San Remo, Turin. . . . . | 7.50 | 4.50 |
| | Alexandrie, Gênes, Milan, Novare. . . . . | 9 » | 5.40 |
| | Bologne, Florence, Livourne, Rome . . . . | 12 » | 7.20 |
| Luxembourg : | Tous réseaux et cabines luxembourgeois. . . | 5 » | 3 » |
| Pays-Bas. . | Amsterdam, La Haye, Rotterdam, Utrecht, Rosendael, Arnhem, Bois-le-Duc, Maestrich, etc. . . . . . . . . . . . | 8.50 | 5.10 |
| Sarre. . . . | . . . . . . . . . . . . . . . . . . . . | 4.50 | 2.70 |
| Suisse . . . | Bâle, Berne, Chaux-de-Fonds, Coppet, Genève, Lausanne, Lucerne, Montreux, Saint-Gall, Vevey, Zurich, etc. . . . . . . . | 4.25 | 2.55 |

*Avis d'appel* : Espagne (**2.50**) ; Italie (**2.50**) ; Luxembourg (**2 fr.**).
*Communications urgentes* : Allemagne, Luxembourg, Sarre et Suisse ; triple de la taxe de jour ou de nuit.

**Avis très important** : Dans les relations avec l'*Allemagne*, l'*Espagne*, la *Grande-Bretagne*, l'*Italie*, les *Pays-Bas* et la *Suisse*, toutes les taxes ci-dessus doivent être multipliées par le coefficient d'équivalence du franc-or (Voir page 26).

## 4° AVIS D'APPEL

L'avis d'appel permet à une personne qui désire converser téléphoniquement avec une autre personne d'indiquer à celle-ci soit le poste où elle doit se rendre pour y *attendre* la communication, et l'heure à laquelle elle doit s'y trouver, soit l'heure à laquelle elle est priée de *demander* la communication et le poste qu'elle doit appeler.

*Taxe* :

1º **0.75.**

*a*) A l'intérieur de tout réseau téléphonique.

*b*) Entre réseaux des villes faisant partie d'un même canton ou de cantons limitrophes reliés par une ou plusieurs lignes directes.

*c*) Entre réseaux des villes reliées téléphoniquement par des lignes dont la longueur totale ne dépasse pas 25 kilomètres.

2º **0.90** pour les appels échangés entre réseaux autres que ceux visés ci-dessus et situés dans un même département (Seine et Seine-et-Oise sont considérés comme formant un seul département à ce point de vue).

3º **1.20** dans les autres cas.

L'avis d'appel dont le modèle figure au verso des formules de télégrammes mises à la disposition du public dans les bureaux peut être adressé à domicile, poste restante ou télégraphe restant.

### 5º MESSAGES TÉLÉPHONÉS

Un message téléphoné est une communication destinée à une personne abonnée ou non abonnée et transmise directement au bureau, chargé d'en effectuer la remise soit à domicile, soit poste restante ou télégraphe restant.

*Taxe* : **1.50** par trois minutes de conversation.

Ils sont admis :

1º A l'intérieur de tout réseau téléphonique siège d'un service de distribution télégraphique ;

2º De réseau à réseau, lorsque la taxe de l'unité de conversation entre ces réseaux est de **0.50** et que le bureau destinataire est pourvu d'un service de distribution télégraphique.

Les messages peuvent être téléphonés des cabines publiques ou de tout poste d'abonnement dont le titulaire a versé une provision. Ils sont téléphonés en français et en langage clair par les expéditeurs *eux-mêmes* au bureau distributeur. *Dicter très lentement et d'une manière très distincte.* Les messages sont distribués comme des télégrammes. L'expéditeur d'un message ne peut occuper la ligne plus de 6 minutes.

### III. — TAXES DIVERSES DU SERVICE TÉLÉPHONIQUE

#### 1º COMMUNICATIONS INTERURBAINES REFUSÉES

Taxe spéciale égale à la moitié de la taxe unitaire afférente à la communication demandée. Lorsque la taxe ainsi déterminée comporte une fraction de 1/2 décime, elle est arrondie jusqu'au 1/2 décime entier.

La taxe est due quand le demandeur avisé de l'établissement de sa communication déclare y renoncer.

#### 2º COMMUNICATIONS EN DEHORS DES HEURES NORMALES D'OUVERTURE DU BUREAU D'ATTACHE

1º *Entre deux postes d'abonnés d'un même réseau* : redevance mensuelle de **30 fr.** de la part de l'abonné demandeur.

2º *Entre deux postes d'abonnés de réseaux différents* : *en outre*, redevance de **1.50** par an et par hectomètre indivisible de ligne urbaine et interurbaine utilisée pour le raccordement des deux postes.

3º *Pour correspondre avec le réseau général* : redevance mensuelle de **30 fr.**, remboursement des frais d'installation de la communication directe et payement de la redevance pour entretien des organes accessoires dont l'adjonction est rendue nécessaire.

Pour les demandes de concession, s'adresser au Directeur départemental.

### 3° SERVICE DES ABONNÉS ABSENTS.

Confère à l'abonné la faculté de faire connaître à ceux de ses correspondants qui le demandent pendant son absence : 1° la durée de son absence; 2° sa nouvelle adresse ; 3° l'adresse ou le numéro d'appel de la personne qu'il a chargée de le remplacer.

Taxe de **1.25** par jour d'absence ou, par abonnement, **10 fr.** par mois, **20 fr.** par trimestre, **60 fr.** par an. Taxe supplémentaire de **0.25** par ordre de renvoi. — Communication des numéros d'appel des correspondants ayant appelé pendant l'absence : **25** centimes par 10 numéros enregistrés. Transmission par poste ou par téléphone des communications de 20 mots au maximum dictées par les correspondants pendant l'absence : taxe supplémentaire de **50** centimes.

### 4° COMMUNICATIONS INTERURBAINES A HEURES FIXES

Dans le service intérieur, des communications téléphoniques interurbaines à heures fixes *par abonnement* peuvent être autorisées entre 13 h. 1/2 et 7 heures (été) ou 8 heures (hiver).

La taxe de ces communications est ramenée aux **2/5** de la taxe normale de jour sans pouvoir descendre au-dessous de **0.50**.

### 5° RECOUVREMENT DES REDEVANCES TÉLÉPHONIQUES A DOMICILE

Les abonnés ont la faculté de demander par écrit, moyennant un supplément de **0.25** par quittance, que leurs diverses redevances téléphoniques soient perçues à domicile par les soins de l'Administration. Ils sont prévenus du passage du facteur trois jours à l'avance.

### 6° PROVISIONS TÉLÉPHONIQUES

Les abonnés qui désirent être admis à échanger, à partir de leur poste, des *communications soumises à l'application d'une taxe* ou *des télégrammes téléphonés* doivent verser, au bureau de poste chargé de l'encaissement des redevances trimestrielles de leur abonnement, une provision sur laquelle sont imputées les taxes de ces communications.

La provision est fixée de gré à gré entre l'abonné et le receveur (au minimum, montant approximatif des communications à échanger pendant un mois).

Le versement de cette provision n'est pas exigé pour les *abonnés affiliés au service des chèques postaux* qui ont demandé que le montant de ces taxes soit inscrit au débit de leur compte courant postal. La demande, établie sur papier libre, est remise au receveur du bureau chargé de l'encaissement du montant de la provision. L'avoir du compte courant postal devra toujours être maintenu à une somme au moins égale au dépôt de garantie de **5 fr.** majoré du montant de la provision.

### 7° TRANSFERT DES POSTES D'ABONNEMENT (déplacement d'un poste téléphonique d'un immeuble dans un autre immeuble situé ou non dans le même réseau).

Redevance forfaitaire de **100** francs à recevoir dans tous les cas.

Pour les conditions de fourniture de la nouvelle ligne consulter l'*Indicateur Universel des P. T. T.*, page 108.

### 8° RATTACHEMENT EXCEPTIONNEL A UN RÉSEAU A BATTERIE CENTRALE.

Tout abonné au téléphone rattaché sur sa demande à un réseau à batterie centrale autre que le réseau dont il devait normalement faire partie acquitte, lorsque les deux réseaux ne sont pas limitrophes, une redevance spéciale fixée à **100** francs par période indivisible d'une année. Cette taxe est applicable, quelle que soit la date à laquelle remonte le rattachement.

### 9° ANNUAIRE DES ABONNÉS AU TÉLÉPHONE

Tout abonné titulaire d'un poste **principal** *a droit* à une inscription *gratuite* dans la liste du réseau à laquelle il est relié et à la remise *gratuite* d'un exemplaire de l'annuaire où figure l'inscription de son réseau d'attache. Pour les prix et conditions de fourniture des annuaires, consulter l'*Indicateur Universel des P. T. T.*, page 108.

# Chapitre X. – Correspondances pneumatiques

Service fonctionnant à Paris, dans les 70 localités ci-après du département de la Seine et dans les villes d'Enghien-les-Bains, Le Raincy, Sèvres et Saint-Cloud (Seine-et-Oise).

| | | |
|---|---|---|
| Alfort. | Courneuve (La). | Pantin. |
| Alfortville. | Créteil. | Pavillons-sous-Bois. |
| Antony. | Epinay-sur-Seine. | Perreux (Le). |
| Arcueil. | Fontenay-aux-Roses. | Plaine-St-Denis (La). |
| Asnières. | Fontenay-sous-Bois. | Port-à-l'Anglais. |
| Aubervilliers. | Garenne-Colombes (La). | Pré-Saint-Gervais. |
| Bagneux. | Gennevilliers. | Puteaux. |
| Bagnolet. | Gentilly. | Romainville. |
| Billancourt. | Ile-Saint-Denis. | Rosny-sous-Bois. |
| Bobigny. | Issy. | St-Denis. |
| Bois-Colombes. | Ivry. | St-Mandé. |
| Bondy. | Joinville-le-Pont. | St-Maur-Port-Créteil. |
| Boulogne-sur-Seine. | Kremlin-Bicêtre. | St-Maur-des-Fossés. |
| Bourg-la-Reine. | Les Lilas. | St-Maurice. |
| Bry-sur-Marne. | Levallois-Perret. | St-Ouen. |
| Champigny. | Maisons-Alfort. | Sceaux. |
| Charenton. | Malakoff. | Suresnes. |
| Châtenay. | Montreuil-sous-Bois. | Vanves. |
| Châtillon. | Montrouge. | Varenne-St-Hilaire (La). |
| Choisy-le-Roi. | Nanterre. | Villejuif. |
| Clamart. | Neuilly-sur-Seine. | Villemonble. |
| Clichy-la-Garenne. | Nogent-sur-Marne. | Vincennes. |
| Colombes. | Noisy-le-Sec. | Vitry-sur-Seine. |
| Courbevoie. | | |

**Tarif :**

| | Ordinaires | Avec reponse Payee | Dimensions |
|---|---|---|---|
| Jusqu'à 7 gr. . . . . . . . . . . . | 0.60 | 1.20 | 148 $\frac{c}{m}$ longueur. |
| De 7 à 15 gr. . . . . . . . . . . . | 1 » | 1.60 | 115 $\frac{c}{m}$ largeur. |
| De 15 à 30 gr.. . . . . . . . . . . | 1.50 | 2.10 | |

Affranchissement minimum : **0.60**, sinon elles sont traitées comme lettres ordinaires. Celles adressées, télégraphe restant ou poste restante doivent acquitter une surtaxe de **0.20**.

Les correspondances pneumatiques ne doivent contenir ni corps durs ou résistants, ni valeurs quelconques, ni objet dont le transport par la poste est interdit.

Récépissé de dépôt : **0.20.**

Remise contre reçu : **0.20.**

Accusé de réception : postal : **0.25** ; pneumatique : **0.60** ; télégraphique : **1.20** ; téléphonique : **1.20.**

Il existe un réseau pneumatique à Marseille (mêmes tarifs et conditions)

# Chapitre XI. – Messages télautographiques

Un service de *messages télautographiques* par le système Edouard Belin est ouvert à titre d'essai entre *Paris et Lyon*, d'une part, *Paris et Strasbourg* d'autre part, et vice versa.

Ce nouveau service consiste en la transmission électrique de tous dessins, plans, modèles, textes manuscrits ou imprimés, et en la remise au destinataire d'une reproduction entièrement conforme et superposable à l'original. Il est donc appelé à rendre les plus grands services.

Le prix des télautogrammes est de **10** francs ou de **20** francs, suivant les dimensions des dessins ou textes, qui ne doivent pas dépasser 135 mm. × 95 mm.

# Chapitre XII. – Colis Postaux

## I. — COLIS CIRCULANT A L'INTÉRIEUR DE LA FRANCE CONTINENTALE Y COMPRIS L'ALSACE-LORRAINE

| LIMITES | | | | TAXES (1) | | | | | | DROIT d'assurance pour les colis avec V. D. par 500 fr. ou fraction de 500 fr. (maximum 5.000 fr.) | TAXE POUR LE RETOUR D'UN REMBOURSEMENT (4) | | | |
|---|---|---|---|---|---|---|---|---|---|---|---|---|---|---|
| DE DIMENSIONS | | DE VOLUME | | jusqu'à 3 kg. (2) y compris droit de timbre de 10 c. | | de 3 à 5 kg. (2) y compris droit de timbre de 10 c. | | de 5 à 10 kg. (2) y compris droit de timbre de 20 c. | | | RETOUR EN GARE | | RETOUR A DOMICILE | |
| jusqu'à 5 kg. | de 5 à 10 kg. | jusqu'à 5 kg. | de 5 à 10 kg. | en gare | à domicile (3) ou poste restante | en gare | à domicile (3) ou poste restante | en gare | à domicile (3) ou poste restante | | jusqu'à 500 fr. | de 500 à 1.000 fr. | jusqu'à 500 fr. | de 500 à 1.000 fr. |
| sans limite | 1 m. 50 | sans limite | sans limite | 1.30 | 1.90 | 1.80 | 2.40 | 2.95 | 3.55 | 0.15 | 1.30 | 1.90 | 1.90 | 2.50 |

(1) Pour l'Alsace-Lorraine, le tarif des colis livrables *en gare* est seul appliqué. Sauf demande expresse de l'expéditeur ou du destinataire, les colis postaux à destination de l'Alsace-Lorraine sont toujours remis à domicile dans les localités pourvues d'un bureau de poste ou d'une agence postale.

Dans les autres localités, la livraison à domicile ne s'effectue que pour les colis dont le poids ne dépasse pas 5 kg. ou dont la **valeur déclarée** n'excède pas 1.000 francs.

La taxe de factage, variable suivant l'importance de la localité destinataire, est perçue au moment de la livraison.

Les colis sont acceptés pour toutes les localités d'Alsace et de Lorraine, même pour celles non pourvues d'un bureau de poste. Dans ce cas, il appartient à l'expéditeur d'indiquer sur l'adresse le nom du bureau de poste qui dessert la localité.

(2) Pour frais d'apport à la gare des colis postaux déposés dans les bureaux des correspondants des chemins de fer ou dans un bureau de poste ouvert au service, ajouter **0.60** en sus des taxes ci-dessus.

(3) Taxe spéciale d'exprés : ajouter **0.60** en sus de la taxe afférente aux colis livrables à domicile. La remise par exprés n'est admise que dans les localités où la remise à domicile est assurée. Toutefois, en Alsace-Lorraine les colis peuvent être livrés par exprés dans toute localité. Lorsque le destinataire n'habite pas la localité siège du bureau de poste chargé de la livraison, il est perçu à l'arrivée, par le service alsacien-lorrain, une taxe complémentaire de **2 fr. 80**.

(4) Droit additionnel de **0.60** pour le retour à la gare des sommes encaissées des destinataires domiciliés dans une localité non pourvue d'une gare.

## II. — COLIS POSTAUX DE PARIS POUR PARIS. — De 0 à 5 kil. : **0.60** ; de 5 kil. à 10 kil. : **1** fr,

Remboursement : Taxe supplémentaire jusqu'à 500 fr. : **0.50** ; de 500 à 1.000 fr. : **1** fr.. Valeur déclarée, maximum 500 fr. : **0.10**.

**REMARQUE IMPORTANTE.** — Pour les colis à destination de la **Corse**, de l'**Algérie**, de la **Tunisie**, du **Maroc**, des colonies françaises et des pays étrangers, il est indispensable de consulter l'*Indicateur Universel des P. T. T.*

# Publications de l'Indicateur Universel des P. T. T.

## (5ᵉ ANNEE)

*Administration, Rédaction : 3, rue de Champagny, PARIS (7ᵉ).*
Compte postal : 91.17, Paris. — Téléphone : Fleurus 28-22.

**INDICATEUR UNIVERSEL DES P. T. T.**

*Paraît le 5 de chaque mois* (152 pages de texte en tableaux du format in-quarto carré). Chaque numéro mis à jour annule le précédent. L'*Indicateur Universel*, *adopté officiellement par l'Administration des P.-T. T.* pour ses bureaux et services, renseigne d'une manière pratique, exacte, complète, sur tous les tarifs et règlements des postes, télégraphes et téléphones (France et étranger), sur tous les courriers maritimes, les relations postales terrestres, la poste aérienne, les colis postaux, les incessantes modifications des tarifs, des horaires, des règlements.

L'INDICATEUR UNIVERSEL est indispensable à toute Maison ayant un trafic commercial important.

ABONNEMENT : Un an, 60 fr.; Six mois, 35 fr.; Numéro spécimen, 6 fr. — Abonnement spécial à 4 numéros par an : 22 fr.

*<br>* *

**TABLEAU MURAL DES P. T. T.**

Ce tableau donne avec une disposition originale pratiquement étudiée les renseignements indispensables sur les tarifs des P. T. T., leurs principales particularités d'application, le conditionnement des objets, etc.

IL DOIT ÊTRE AFFICHÉ DANS TOUT BUREAU OU SE FAIT LA PRÉPARATION DU COURRIER POSTAL OU TÉLÉGRAPHIQUE. Prix franco : 1 fr. 75.

*<br>* *

**TARIFS TÉLÉGRAPHIQUES (France et Étranger).**

*Ouvrage adopté par l'Administration des P. T. T.*
Indispensable aux maisons ayant un trafic télégraphique important.

Cet ouvrage de 16 pages comporte les taxes télégraphiques internationales dans les relations avec tous les pays du monde et par toutes les voies. Les *Tarifs télégraphiques paraissent* les 10 mars, 10 juillet et 10 novembre de chaque année.

Le numéro : 1 fr. 25. Abonnement aux trois numéros par an : 3 fr.

*<br>* *

**REGISTRE DE COMPTABILITÉ DES CHÈQUES POSTAUX.**

Indispensable à tout titulaire d'un compte courant postal pour répertorier d'une manière pratique les opérations effectuées par ses correspondants au moyen du chèque postal et pour contrôler sûrement les imputations faites à son compte par le bureau central de chèques.

|  | Prix dans nos bureaux | Par poste recommandée |
|---|---|---|
| 40 pages, couverture papier parcheminé...... | 8 75 | 6 45 |
| 64 pages, cartonné ........................ | 9 » | 10 15 |
| 128 pages, cartonné ........................ | 17 » | 18 75 |

Des registres plus importants sont établis sur commande.

*<br>* *

**DICTIONNAIRE COMPLET DES COMMUNES**

(France, Colonies et Pays de protectorat)

Cet ouvrage, *mis à jour* d'après les documents officiels les plus récents, contient la liste exacte et complète des 37.963 communes de France (y compris la Corse et l'Alsace-Lorraine), des renseignements pratiques sur population, chemins de fer, bureaux de poste, télégraphe et téléphone, services publics, colonies françaises, etc.

Prix franco relié toile ..................................... 12 fr.

38782-10-23. — Imp. Lang, Blanchong et Cᵢₑ, 7, Rue Rochechouart Paris.

www.ingramcontent.com/pod-product-compliance
Lightning Source LLC
LaVergne TN
LVHW050647060726
842527LV00004B/1520